PUHUA BOOKS

我们一起解决问题

粉丝运营

吸粉技巧+盈利模式+实战案例

曾水华　向天夫　王伟◎著

人民邮电出版社
北京

图书在版编目（CIP）数据

粉丝运营 ：吸粉技巧+盈利模式+实战案例 / 曾水华，向天夫，王伟著. -- 北京 ：人民邮电出版社，2017.7（2020.5 重印）
ISBN 978-7-115-45953-4

Ⅰ. ①粉… Ⅱ. ①曾… ②向… ③王… Ⅲ. ①网络营销—研究 Ⅳ. ①F713.365.2

中国版本图书馆CIP数据核字(2017)第105282号

内 容 提 要

为什么有些企业坐拥百万粉丝，而另一些企业却陷入窘境，对粉丝没有吸引力？粉丝经济时代，企业或个人如何吸粉、涨粉，又如何实现粉丝变现？

本书立足当前经济领域中的粉丝热点现象，结合案例深入分析了如何吸引、管理、引导和维护粉丝，为读者提供了实用、全面的粉丝运营经验和技巧。无论企业还是个人都需要重视自己的粉丝，抓住粉丝的痛点，挖掘粉丝的价值。本书将帮助读者做好粉丝运营的各个环节，打造吸引粉丝的超强“磁场”，从而塑造自身品牌，快速发展壮大，最终获利。

本书适合企业的产品运营、内容运营等人员阅读，也适合管理微博、微信公众号等自媒体平台的商家、网店及个人作为培训用书。

◆ 著　曾水华　向天夫　王　伟
责任编辑　张国才
责任印制　焦志炜

◆ 人民邮电出版社出版发行　北京市丰台区成寿寺路 11 号
邮编　100164　电子邮件　315@ptpress.com.cn
网址　http://www.ptpress.com.cn
北京七彩京通数码快印有限公司印刷

◆ 开本：700×1000　1/16
印张：12　2017 年 7 月第 1 版
字数：120 千字　2020 年 5 月北京第 9 次印刷

定价：49.00 元

读者服务热线：(010)81055656　印装质量热线：(010)81055316
反盗版热线：(010)81055315
广告经营许可证：京东工商广登字 20170147 号

前言

《大武生》上映之前，很多影评人这样调侃说：“地球已经被韩庚的粉丝攻占了！”这些粉丝除了在电影票房上做出巨大贡献以外，还义务做起了推广《大武生》的媒体公关员。电影上映前正值夏季，粉丝们便送给很多媒体“贴心大礼包”：一个黄色的手提袋里装着一把扇子，一份剧情介绍和主题曲歌词，一封呼吁“以开放的胸怀接纳这个一心想奔向电影世界的青年”的情真意切的信，还有饼干、巧克力、牛奶和湿纸巾。总之，这份大礼包中包括了夏日观影者所需要的一切。粉丝的这些行为让记者惊呆了，他们不由得感叹“这才是人间真爱！”

我们由“韩庚粉丝事件”可以深切地感受到，粉丝时代真的来了。演员需要粉丝，企业又何尝不需要呢？有了粉丝的大力支持和无私帮助，企业的产品自然不愁销路，口碑形象自然蒸蒸日上。

对于企业而言，一切活动的最终目的还是要盈利。不管企业的经营方向是做实业还是自媒体，赚钱绝对是充满诱惑的话题。很多时候，人们在衡量一位明星是否成功时首先会看这位明星的粉丝有多少。粉丝越多，说明这位明星的影响力越大，出场和代言的费用就越高。同样的道理，一家企业拥有的粉丝越多，就意味着其影响力越大，能够创造出来的价值也越高。因为很多时候粉丝可以被转化为企业产品和服务的消费者，而且这些粉丝对企业品牌的忠诚度是普通用户所不具备的。罗辑思维的会员数以百万计，小米手机的粉丝更是以千万计，正是因为成功地做好了粉丝变现，这些企业才能从粉丝身上源源不断地获得收益。

黄太吉成立一周年庆典之时，来自世界各地的粉丝自发地穿上写着黄太吉广告语的T恤，齐聚北京为黄太吉庆祝。这就是粉丝的价值所在。每天都有很多粉丝在微博上自发地推广黄太吉，在黄太吉用餐。他们都会产生一种自豪感，觉得很值得向身边的亲朋好友推荐黄太吉。粉丝天然就具备传播价值，会主动地为企业进行宣传和品牌推广。

其实，在互联网时代，粉丝对于企业最显著的价值在于“信任背书”。当一位粉丝向亲友推荐企业的品牌产品时，就可能会为这家企业带来更多的粉丝，甚至影响到某个特定的人群。粉丝会在微信、微博等自媒体平台上为企业品牌摇旗呐喊，哪怕只是炫耀一下自己买到的产品，也会吸引一群人围观。如此一来，一位粉丝就会影响很多人，让他们成为粉丝，这些粉丝再去影响更多的人，如此循环往复。因此，粉丝对于企业的重要性不可忽视。

本书正是着眼于粉丝的重要性，结合真实案例从粉丝需求企业的磁场半径、吸粉、培养铁杆粉丝、管理粉丝、做好内容、找准痛点、粉丝变现等方面，深入浅出地为企业剖析粉丝运营的各个流程环节并提出具体可行的操作方法。通过学习本书，企业可以掌握如何轻松利用粉丝的力量为自己营造一个可观的市场，找到自身的真实定位，最终实现可持续的快速发展。

目录

第1章 粉丝的三种需求

互联网时代，越来越多的企业开始进入移动互联领域，希望尽可能地拉近自身和消费者之间的距离。但遗憾的是，涉水的企业很多，成功上岸的却很少。问题出在什么地方呢？其实答案很简单，互联网特别是移动互联网让消费者越来越注重满足自身的存在感、参与感和归属感，只有这三种需求都得到了满足，企业才会赢得消费者。

1.1 移动互联网时代流行晒存在感

移动互联网的飞速发展和各种带有自媒体属性的社交软件的普及，为人们打开了一扇可以展示自我的大门——只要自己喜欢，你就可以晒吃、晒玩、晒美景，将自己的幸福和大家分享。当然，你也可以晒一下烦恼，说出心中的苦闷，寻求朋友们在言语上的宽慰……总之，个人可以时时处处发出自己的声音，展示自己的个性，告诉大家自己的状态。

1.1.1 晒是一种潮流

餐厅里，当服务员端上来一道菜时，坐在你身边的朋友首先做的事情可能不是拿起筷子享受美食，而是掏出手机对着菜肴拍照，晒到微信朋友圈。类似的事情不仅发生在餐厅里，在其他各种场合，诸如旅游景点、博物馆、书店，甚至是公交车、地铁上，都有人在晒。可以说，在移动互联时代，晒已经成了一种潮流，这种行为不只是存在于个别人身上，除了“90 后”“00 后”群体以外，“70 后”“80 后”也同样爱晒自己的生活和工作。

移动互联网时代，人们为什么热衷于在各种社交平台上晒自己呢？这个问题其实很好理解。在移动互联网和各种自媒体兴起之前，人们对外展示自己的窗口寥寥无几，人际联结的需求长期被压抑。移动互联时代为人们打开了一扇又一扇窗口，让人们可以自由自在地表达自己的想法，展示自己的生活和工作状态。归根结底，人们热衷于晒已经不再是局限于传统的纪念意义，更多的是希望引起别人的关注，刷出自己的存在感。

王小姐是一位晒照狂人，平均每天要在朋友圈晒 3 ～ 5 次。每发布一条图文消息后，王小姐心里就有了牵绊，隔半小时就要打开朋友圈看看是否有好友评论或者点赞。如果有人评论，她就会立即回复。如此反复，王小姐发布的图文消息就引发出一次“聊天盛会”。例如，有一次王小姐去外地旅游，在路上开启了晒图模式，直播路上的风景，如图 1-1 所示。很快，大家都被优美的风景吸引，你一言我一语，和王小姐聊得不亦乐乎。

图 1-1　王小姐在朋友圈晒图

人们热衷于在社交平台上晒自己，除了获得最基本的存在感之外，还考虑到了人际交往。让别人关注自己的存在，在此基础上和别人进行互动，认识新朋友，加深老朋友之间的情感，进而编织出一张更大、更牢固的人际关系网，这其实才是晒存在感的最终目的。

性格开朗的李女士很喜欢在自己的朋友圈晒美食、晒旅游，每天都会将自己吃的、喝的以及看见的风景发布出来。闺蜜觉得她发布的信息太多，认为这样会给人留下一种性格张扬的印象，劝她“还是低调点儿好”。李女士对闺蜜笑了笑，说出了自己发朋友圈的秘密：“多晒图，大家就会关注你，新人乐于和你交朋友，故人和你联络感情，何乐而不为呢？”闺蜜恍然大悟，一个劲儿地点头，称赞李女士聪明。

1.1.2　展示个性和特色是人们的一种本能

每个人的内心深处都存在一种展示自我的本能，渴望能够向更多人展示自己的个性，获得尽可能多的认可和赞赏。随着社会生产力的不断发展，人们对生活的追求越来越高，展示个性的欲望也越来越大。移动互联网的迅猛发展和智能终端的普及为人们这种展示个性和特色的心理打开了一扇窗，提供了一个广阔的舞台。人人都可以随时随地通过移动终端在社交平台上展示自我，秀出个性，彰显自己的与众不同。

物质上的富足促使人们越来越追求精神层面的满足，越来越崇尚个性化的展示，不落窠臼的亮点便成了社交平台的宠儿。也就是说，人们希望展示自身的个性，也乐于欣赏个性化的语言、穿戴、行为等。

人人都有好奇心理，都希望了解别人的状态。通过一个人在社交平台上的言论，我们能非常直观地概括出这个人的个性特点。简而言之，别人在刷存在感时，其实也为我们打开了一扇了解其个性特点的窗户。但并不是所有的内容都能让别人产生兴趣，如果你展示的东西平淡无奇，犹如一颗微粒淹没在信息海洋里，那么别人又怎么会渴望进一步了解你呢？只有展示出自己的特点，将自己和别人区别开来，才能晒出人气。

吴先生在社交平台上发布的图文总是非常富有特色，总能带给大家一种温馨、充实的生活气息。例如，在大家热衷于晒吃、晒喝、晒娃、晒房、晒车时，吴先生却晒自然，晒生活中被人们忽视的细节之美。如图 1-2 所示，他在朋友圈发布过一张秋天落叶的图片，配合“一夜入秋，今年，又错过了草原花开……”的文字解说，将因为忙碌而错失美景的遗憾之情淋漓尽致地表达了出来，引起了大家的共鸣。

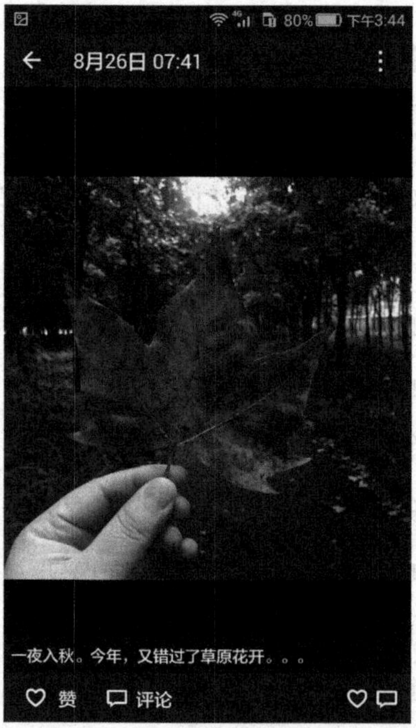

图 1-2　独具特色的图片发布

1.2　有参与才有快乐

对于大众而言，互联网时代带来的最大乐趣在于强烈的参与感。我们可以在网上点赞、打分、评论和投票。我们可以置身于自己感兴趣的网络环境中，尽情地释放自己的个性，展示自己的特长，构建沟通亲情、爱情、友情的桥梁。正因为有了参与感，我们才越来越频繁地使用网络，从中获得越来越多的快乐。

1.2.1　我参与，我快乐

对于独角戏，即使演出的人再努力也很难获得浪涛般的掌声。究其原因，无非是缺乏参与感，大多数人完全没有机会融入活动中，自然欢呼者寥寥。成功的人士和企业都明白这样的道理：不管是做产品还是做内容，最关键的不是让大家觉得东西有多了不起，而是让大家参与进去，觉得自己很了不起，很快乐。

互联网时代是一个人人追求个性的时代，是一个人人都疯狂刷存在感的时代。特别是随着移动互联网成长起来的一代人，他们喜欢标新立异，喜欢通过参与来获得认同感，彰显自身的价值。也就是说，在这个时代，人人都想参与到互联网中去，寻找自己感兴趣的事物。基于这一点，企业只有让人们参与到具体的运营活动中才能获得更多的粉丝，实现更大的价值。

银川新华联广场在开业之前，为了最大限度地提升人气和培养粉丝，他们在自己的微信公众号中推出了参与感十足的广告语有奖征集活动（见图 1-3）。此活动一经发布，就引发了人们的积极参与。人们纷纷开动脑筋，竞相提出富有创意的广告语。一时间，新华联微信号公众号的关注人数迅速增加，人气爆棚。

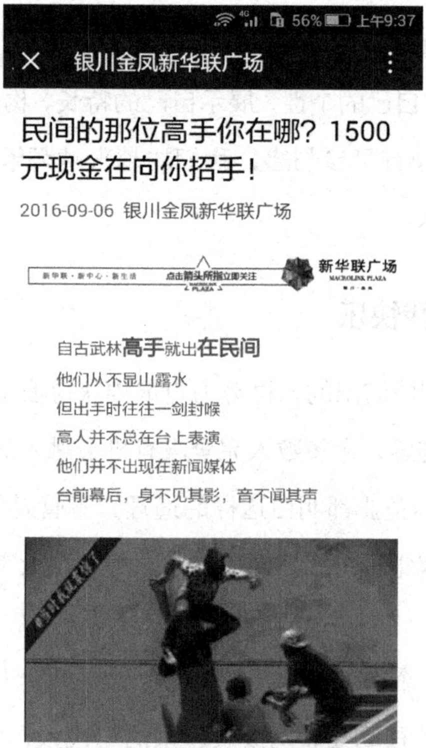

图 1-3　银川新华联广告语有奖征集活动

参与感的提升离不开互动。只有在充分互动的基础上，人们参与的目的才能得到满足，彼此之间的心理距离才会进一步拉近。所以，那些互动性很强的内容或者活动通常更容易引发人们的关注和参与，最终获得良好的口碑。

9 月 10 日是教师节，丽梅一早就在朋友圈发布了一条图文消息（见图 1-4）：“同一个世界，同一个班主任！教师节了，说说给你留下最深刻印象的老师是哪一个？”这条消息击中了每个人的记忆标靶，契合节日氛围。所以，大家很快便积极互动，纷纷讲起了自己学生时代印象最深的一位班主任。从外号、口头禅到最感动的瞬间，一时间大家找到了共同点，心理距离也拉近了许多。

图 1-4　丽梅发布在朋友圈中的互动话题

1.2.2　分享是参与感的最高境界

人们之所以热衷于参与，除了想要获得经验和快乐之外，还有更高层次的分享经验和快乐的需求。从心理学角度看，人们在自身需求得到满足的基础上会产生分享的欲望，或彰显自身成就，或向亲朋好友传递经验。这种分享会吸引人们的关注，让人们更乐于参与进去。这样一来，就会形成“分享—参与—分享”的良性循环。在这个过程中，粉丝自然也会积累得越来越多。

对于大部分人而言，和朋友一起享受快乐和幸福是一件非常美妙的事情。正所谓“独乐乐不如众乐乐”，一个人将自己的经验和快乐分享给朋友，那么经验和快乐就会无限扩大，成为汪洋。

人们乐于分享，除了想将参与的乐趣传播得更远之外，还是为了表达自身的成就感。对于很多人而言，让更多人了解自身所取得的成就，自我感觉就会更好，幸福感就会更强烈。基于这样的目的，人们喜欢直接或者间接地晒生活、晒工作、晒旅游等，以期从朋友的关注和评价中获得满足。

1.3 粉丝需要归属感

互联网时代，人们除了希望满足存在感和参与感之外，还希望拥有归属感。所谓归属感，就是找到和自己趣味相投的人和群体，感受到接纳、认同和支持，获得精神上的慰藉。也就是说，当你能够为粉丝提供一个精神家园或兴趣部落时，就会拥有极高的人气，成为大家心目中的第一选择。

很多人都有这样的体会，如果一个地方能够为你带来安全感、温馨感、幸福感，那么你就会将其视为心灵的家园和闲暇时的必去之地，对其产生归属感。同样的道理，粉丝也会寻求满足自己的归属感。如果我们能够打造出让粉丝产生归属感的网络社交平台，发布一些有针对性的图文内容，营造一种特有的情感氛围，那么我们的平台就会成为粉丝的家园。

当一个人对某个地方产生了归属感，就可以称之为家。同样的道理，当我们的平台让粉丝有了归属感之后，粉丝可以在这里彻底放松心情，畅所欲言。如此一来，我们的平台自然就会带给粉丝家的感觉。我们可多发一些和大家的生活息息相关、大家感兴趣的内容，让某一部分粉丝群体产生归属感。

“奇妙日”微信公众号就倾向于发布贴近粉丝生活的图文内容，用关于粉丝生活起居、健康养生类的知识作为吸引点，营造归属感。例如，该公众号发布过一篇名为《视力是这样被你玩坏的》的文章，详细地向粉丝介绍了生活中诸多损害视力的不良习惯，帮助粉丝更好地保护视力。这类文章很实用，对粉丝的帮助很大。久而久之，“奇妙日”微信公众号也就吸引了越来越多的粉丝关注，让他们有了家的感觉。

要想让自己的平台具备强烈的归属感，聚焦小众群体是一种不错的策略。要知道，如果我们想要面面俱到，吸引所有人的关注，这是不切实际的想法。毕竟人人都有自己的兴趣点，有自身关注的事物。所以，最简单也最有效的方法就是聚焦小众群体，吸引某类特定人群的关注，这样就可以在短时间内为他们营造出归属感。

“让眼睛去旅行”微信公众号就善于聚焦小众群体，通过在某段时间内密集发布某一特定群体感兴趣的内容来营造归属感，提升自身人气。例如，该微信公众号针对减肥群体发布过一系列文章，吸引了大量粉丝。其中一篇关于肥胖的文章通过独特、科学的视角为粉丝揭示了肥胖的危害性，引起了极大的反响。

第2章 企业的磁场效应

磁铁有自己的磁场半径，如果其他磁性物质在这个半径之外，磁铁就对其失去了最基本的吸引力。对于粉丝而言，企业其实也有自身的磁场半径。如果企业能够创造更多的吸引点，最大限度地增强自身对粉丝的吸引力，就会在粉丝经济中占据更有利的竞争位置。

2.1　为自身贴上一个好的形象标签

企业要想像磁石一样吸引尽可能多的粉丝，为自己贴上一个好的形象标签是非常有效的方法。对于企业而言，一个好的、鲜明的标签就等于一张好的名片，可以让人在第一次接触这家企业时浮想联翩，有助于企业平台延长自身磁场半径，吸引新粉丝，巩固老粉丝，从而获得更大的增长空间。

2.1.1　形成磁场的关键在于专注一个领域

企业要想形成自己的磁场，并尽可能地扩大磁场的半径，最关键的一点就是专注一个领域，在这个领域深耕细作。越是专业、精细的内容，越能吸引粉丝的关注，令其细细品味。如果内容泛而不精、俗不可耐，那么对于粉丝而言就是无味的骨头，根本不值得关注，更不值得精读了。

移动互联网和智能手机的普及使人们可以随时随地连接到互联网，接收或者发布信息。但这也导致了一种负面状态：我们虽然能够快速接触大量信息，但是对信息的掌握并不深入。很多人只知道表象，而对网络信息背后的原因和真相缺乏必要的认知。正是基于这一点，人们对专业、深度的信息更加渴望，对专注某个领域的企业和平台更加关注。

互联网时代，网络上各种内容泛滥，人们在接触信息时习惯有选择地阅读，而筛选信息的主要依据之一就是看信息的专业性。当企业专注于特定领域，专心做一种内容时，其所推出的内容就必然拥有专业性的特点，会留给用户深刻的第一印象，继而让用户慢慢喜欢上企业的平台和企业。

驰名全国的海底捞火锅依靠专注的服务打造了超强的磁场，受到众多粉丝的称赞。在其微信公众号“海底捞火锅”上，各种关于火锅的文章应有尽有，可以说就是一个“火锅百科全书”。只要关注这个公众号，你就可以了解火锅的前世今生以及各种各样的吃法，学习各种各样的火锅制作技巧。例如，针对有些女性想吃火锅而又怕长胖的烦恼，“海底捞火锅”发表了一篇名为《狂吃不怕胖，原来你有如此心机》的文章，从专业的视角介绍了如何吃火锅才不会增加脂肪，因而赢得了粉丝的一片赞誉，让粉丝对海底捞火锅的喜爱之情变得更浓。

2.1.2　将产品最鲜明的个性展示出来

企业的宣传重点还是在于产品，如何让消费者更好地了解产品、对产品留下深刻的印象一直是很多企业的探索方向。其实和人一样，每一种产品都有自己的个性色彩。如果企业能够将自身产品所具备的个性展示出来，那么消费者就能够在第一时间被吸引住，继而留下深刻的印象，最终成为企业的粉丝。

企业在介绍产品时，要从自身产品所具备的独特个性入手，将其生动形象地展示在消费者眼前。如此，消费者才能在第一时间被产品吸引，继而产生深入了解产品的意愿，并在之后持续关注企业及其产品信息。

“江小白”青春系列小酒是一款针对年轻消费群体的产品，企业工作人员在宣传时就彰显出了年轻人所推崇的自由、坚定、张扬的个性。因此，这款产品深受年轻人的喜爱，获得了众多粉丝的芳心。微信公众号“江小白”推送过一篇关于和其他饮料混饮的文章，拟人化地用各种混合饮料的颜色代表不同的个性（见图 2-1），让人们产生审美联想和强烈共鸣，继而对“江小白”形成深刻的印象，将其视为自身个性的代表。

图 2-1 “江小白”微信公众号上展示产品个性的文章

并不是所有的个性都能吸引粉丝。充满负能量的个性不仅不会获得消费者的喜爱，反而会为企业及其产品带来难以抹除的消极影响。所以，企业在展示产品个性时需要使其契合时下主流的道德标准，赋予产品正面、亲和的形象，这样才能最大程度地抓住用户的眼球，吸引尽可能多的人关注。

“叫个鸭子”是一家知名餐饮企业，其主打的鸭系列产品深得消费者喜爱。为了能够持续提升产品形象，增强产品魅力，“叫个鸭子”借助2016年里约奥运会给自己赋予了拼搏、顽强、激情的运动精神，向广大消费者展示了自身产品的正面形象。这种富有正能量的个性展示让消费者对其产品的印象更加深刻，也让消费者的喜爱之情随之大增。

2.1.3 契合生活的标签才会博得消费者的眼球

人们往往会特别关注与自身生活相关的事件和内容，在阅读到相关信息时会习惯性地渴望更加深入地了解。基于此，企业要想吸引更多的粉丝，让产品获得更高的曝光率，就应该多营造一些生活气息，推送一些贴近消费者生活的信息、方法和技巧等。简而言之，贴近生活，才能更贴近粉丝。

企业要想真正走进目标消费群体的内心，给自己贴上“懂生活、有情调”的标签，最简单也最有效的一种方法就是将营销平台打造成“生活百科全书”。如果企业能够做到这一点，就会成为目标消费群体生活中的“顾问”。这群人在遇到相应问题时就会习惯性地登录企业的平台寻找解决方法，企业的磁场半径自然也就会随之扩展。

作为家用电器行业中的知名企业，海尔集团的微信服务号“海尔客服”除了为消费者提供各种服务之外，还特别注重打造生活百科全书，以期能够让自身融入尽可能多的消费者的生活中去，成为消费者生活中不可或缺的部分。例如，“海尔客服”发表过一篇关于买菜技巧的文章，非常详细地为消费者介绍了如何买到新鲜、安全的蔬菜。买菜是人们生活中最基本的事情，特别是对于已婚的女性，买菜几乎是每天都要做的功课。但是，要将这件事真正做好却不容易，很多女性经常为买不到鲜美的食材而苦恼。“海尔客服”的这篇文章正好满足了人们最迫切的需求，因此受到了人们的喜爱，引发了一轮转发热潮，吸引了更多人的关注。

企业为自己贴上生活标签，除了着力打造生活百科全书，以“全”吸引粉丝关注之外，还可以通过传播最新生活理念来延伸磁场半径，以最时尚的生活姿态展示自己，为粉丝带来一种与众不同的生活展示秀。

对于很多女性而言，每天上班下班、买菜做饭、洗洗刷刷，这种琐碎而又普通的生活有时会令她们变得消沉、苦闷，让原本充满激情的心变成一潭死水，使原本挂在脸上的微笑不知不觉间失去了踪影。正是因为看到了这一点，“疯蜜”微信公众号以在女性群体中传播优质生活理念为目标，推出了一系列潮流文章，让众多女性从中看到了生活的曙光，找到了提高生活品质的方法。例如，“疯蜜”在《你会拥抱自己吗？来聊聊这奇怪的感觉》一文中向女性群体传达了这样一种生活理念：生活很琐碎，要善于拥抱自己，才能活出光彩。正是这种引领潮流的生活理念让“疯蜜”成为了众多女性关注的焦点。

2.2　创新 + 潮流，构建最大半径的磁场

常见的事物缺乏吸引力。人们第一次看到一种事物时，可能会激动得

手舞足蹈。但是第二次再见到同样的事物时，新奇感和兴奋感就会明显降低。至于第三次、第四次、第五次……人们就可能觉得乏味甚至视而不见了。相比之下，富有新意的图文和理念、令人遐思的流行元素更能引发大家的关注，为企业构建最大的磁场半径。

2.2.1 持续创新，给粉丝无限期待

对于粉丝而言，新事物的吸引力无疑是最大的。从心理学上看，人人都存在喜新厌旧的心理，渴望能够经常接触到新事物。如果企业能够坚持创新战略，不断地推出新产品、新功能，那么将会对粉丝产生一股强大的吸引力，还会形成“背书效应”，也就是企业通过粉丝的口口相传吸引更多人关注。

一种创新固然能够在一段时间内吸引粉丝的关注，但是如果缺乏持续创新的能力，那么企业产品就会慢慢落伍，对粉丝的吸引力自然也会下降。只有持续不断地进行创新，企业才能保证自己的产品在粉丝眼中有新鲜感，才能让粉丝长期保持关注，并主动向他人推荐企业产品。这样才能形成口碑效应，打造出超强的磁场。

作为国内手机行业的翘楚，小米手机一直保持着持续创新精神，其手机更新速度居于行业前列。每隔一段时间，小米就推出新的机型，在粉丝群体中营造了一种长久的神秘感和期待感。大家会习惯性地将目光聚焦在小米将要推出的新品上，猜测和评价小米手机的最新功能和外形。如此一来，小米手机在消费者群体中极大地提升了曝光率，成为引领消费潮流的符号。

对于企业而言，创新并不一定是技术上质的飞跃，也并非只有在取得

突破性成就时才能推出新产品。为了保持产品更新的速度，最大程度地契合人们喜新厌旧的消费心理，企业可以在某项功能和某处细节上进行优化创新，以量变促质变，在不断完善产品外观、功能的过程中增加自身的磁场半径，牢牢占据粉丝关注的焦点位置。

小米手机之所以能够长期成为粉丝关注的焦点，很大程度上在于它善长微创新和快速更迭产品。例如，小米每年都会推出几款新机型。相对于之前的产品，这些新机型或外形更加靓丽，或功能更胜一筹，虽然没有质的提升，但是更趋于完美。这样就给了粉丝更多的期望和选择，持续地成为了粉丝关注的焦点。

2.2.2 用极致功能培养发烧友

对于企业而言，发烧友级别的粉丝是产品的铁杆用户。他们对企业产品有着超乎寻常的忠诚度，会从产品诞生的那一刻起一直关注其发展动态；他们发自内心地喜爱产品，会积极主动地向周围的人推荐产品，为该产品塑造口碑。所以，企业培养自身产品的发烧友是一件非常重要的事情。做好这一点，企业产品就会获得更多的认同、更好的口碑、更高的人气。

企业要想拥有自己的铁杆粉丝，那么首选产品或者服务就必须拥有某方面的亮点，能够在某个领域引领潮流，让粉丝尖叫。正所谓“打铁还需自身硬”，企业产品必须拥有超强品质，练就超高武艺，才能获得用户的崇拜，成为用户心目中不可取代的偶像。

根据英国《每日邮报》2016 年 9 月报道，南非商人西拉杰·亚伯拉罕斯（Siraaj Abrahams）在其住宅外停车时遭到两名劫匪枪击，亚伯拉罕斯应声倒地。其女儿回家后发现了躺在车外的父亲，将他送到医院急救。幸运的是，亚伯拉罕斯没有受到严重伤害，因为劫匪发射的子弹没能穿透夹克胸袋里的华为 P8 智能手机，而是被卡住了。华为手机能挡住子弹，这种功能不可谓不强大。“华为手机”微信公众号以此为焦点，推出了一篇名为《华为手机挡过的那些子弹》的文章，详细地介绍了华为手机在世界各地挡住子弹的情况。粉丝对华为手机挡子弹这种“副业”感到震撼，纷纷留言（见图 2-2），表达自己对华为手机的赞赏之情。

图 2-2　华为手机的高品质获得粉丝认同

企业要想最大程度地吸引粉丝关注，培养铁杆发烧友，除了要加强自身产品品质建设以外，还可以开放产品设计环节，给予粉丝充分的参与权利。这样一来，粉丝从旁观者、评价者转变为产品的实际设计者，其参与感自然就会有质的提升，企业最终也会培养出自身产品的忠实追随者。

作为婚戒行业的知名企业，“钻石小鸟”推出了婚戒定制服务，从之前向消费者卖戒指转变为给消费者定制心仪的戒指。依靠这种服务，“钻石小鸟”成功地将每一位消费者转变成婚戒设计者，提升了消费者的参与感，为自己的产品增加了浓郁的浪漫气息。对于消费者而言，拥有一枚自己亲自设计的婚戒，无疑是一件终生难忘的事情。将这枚戒指戴在手指上，就仿佛将对爱人的不渝誓言铭刻在了心中。正是因为这种产品个性化设计服务，“钻石小鸟”拥有了大批发烧友级别的粉丝。

2.2.3　用潮流设计吸引粉丝中的时尚控

如果企业在设计产品时融入潮流性的元素，让产品功能更加先进、外形更加时尚，那么就能强有力地吸引时尚群体的关注，掀起一场时尚盛宴。一般而言，时尚群体中的个体在各自的生活环境中往往都充当着消费领袖的角色，他们所推崇的东西会成为其周围人群关注的焦点和消费的潜在选择。也就是说，当企业能够抓住时尚群体时，也就能够影响到更多的人。

常言道，“人靠衣装，佛靠金装”，讲的是外在装扮对于形象提升至关重要。企业的产品也需要包装。市场上的产品琳琅满目，如果企业想要吸引消费者的注意，最大程度地获得消费者的认同，可以在外形设计上多下功夫。如果产品具备了一定的时尚感，就会产生让粉丝一见钟情的魅力。

乐视手机在设计时非常重视外在的形象美，注重吸收当前的流行元素，如无边框设计、简约大气的外壳（见图 2-3），这些已经成为众多乐视粉丝津津乐道的话题焦点。许多消费者在看到乐视手机的第一眼时会产生一种惊艳感，被其深深地吸引，觉得乐视手机更像是一件艺术品，可以为自己的形象增色。

图 2-3　外形时尚的乐视手机

企业产品除了要在外形上具备相当的时尚感以外，在功能上也同样需要追赶潮流，彰显自己的时尚特性。如果企业在产品性能上能够紧跟时代潮流，满足主流的时尚需求，自然就会成为时尚达人关注的焦点，从而吸引更多人的关注。

因为消费者感兴趣的关注点比较多，例如，在观看奥运赛事的同时又想追剧。乐视专门开发了浮屏功能，可以让消费者同时点开两个视频，观看两种画面。这种功能在手机视频领域开创了一种先河，令追求个性化和多样性的粉丝群体尖叫连连，紧紧地抓住了粉丝的心理需求。因此，乐视手机收获了众多粉丝的青睐。

2.3　给产品注入一种情感，让用户获得一种归属

人是情感动物，容易为他人的情感所感染。如果企业能够给产品披上情感外衣，那么产品的磁场半径就会相应地增大，吸引粉丝的能力就会变强。基于此，企业可以根据自身产品的特点赋予其相应的情感，给用户营造一种精神上的归属感，用此方式吸引用户的关注。

2.3.1　卖产品不如卖情感

很多企业在吸引粉丝时注重宣传产品的质量、价格、功能等因素，习惯性地忽视产品的情感因素。这种做法虽然能够让企业在短时间内获得大量关注，但是这些关注却难以持续下去。一旦企业不能及时完成产品更新换代，或者在某方面出现了问题，粉丝就会弃之而去。而如果企业为产品赋予一种情感，使其成为某种情感的代表符号，那么企业产品和粉丝之间就会形成一种强大的、牢固的连接。而且，这还会推动粉丝积极主动地宣传产品，扩大产品的磁场范围。

企业可以结合自身产品的特点，为其披上某种情感外衣，使其具备情感属性。这样一来，企业的产品就会从单调的、没有丝毫生气的物品变成充满情感和灵性的必需品，可以让用户获得某种情感上的慰藉，舒展心情，坚定意志，从而在用户心目中留下难以磨灭的情绪记忆。

罗永浩在锤子手机的发布会上介绍自己的产品时说：“尝试努力去把这个世界变得更好，是我们启动这个公司的初衷。通过处心积虑地改善人

类的生活品质来获取利润，而不是通过处心积虑地获取利润来获取利润。”接着，大屏幕上放出了罗永浩本人在工作台前埋头钻研的照片，而且闪出了“我不是为了输赢，我就是认真”的字幕。

在发布会当晚，这句话出现在许多人的微博和微信朋友圈中。罗永浩用一句“我就是认真”打动了众多的“锤粉”（锤子手机的粉丝）。显然，企业不只是要做产品，更要赋予产品精神内涵。其实，在孕育锤子手机的两年里，罗永浩从来没有把它仅仅看作一部手机。可以说，从一开始，它就被赋予了某种价值观，或者说是情感。

情感就是锤子手机很重要的一种附加值，甚至在某种程度上超过了产品本身。一手卖产品，一手卖情怀，这种方式被很多当代微营销专家称为“情怀经济学”。情怀不死，就永远会有红利。人们追捧情怀，就好比追求青春、理念、情感。所以，企业在营销中不要单纯地卖产品，要将情怀和产品充分结合起来。

节假日本身都存在特定的情感标签。例如，春节是团聚的日子，人们都渴望在这一天和亲人聚在一起，吃饺子，话亲情；“十一”则是国庆节，是祖国的生日，人们的爱国情感会显著增强……所以，企业不妨借助节假日来包装产品，将产品属性和节假日体现出来的特殊情感作为企业宣传和表现的重点，就会在粉丝心目中留下深刻印象。

“江小白”青春系列小酒在“七夕”前夕推出了一篇名为《七夕，表达爱》的文章，借助“七夕”特有的爱情含义来强化自身所代表的爱的符号，让消费者形成“七夕要喝‘江小白’，爱情才会更加浓”的想法。利用“七夕”的节日氛围，“江小白”成功地为自己贴上了“爱情信使”的标签，吸引了很多恋人的关注。

2.3.2　打造专属情感，将产品变为用户的精神动力源

正所谓有国才有家，国家是一棵大树，在其庇护下，我们才会拥有幸福、牢固的家园。所以，爱国是社会主流价值观，是每个中国人所推崇的精神。在此基础上，企业为自身产品注入一种爱国情怀必然会引起消费者的共鸣，成为消费者关注的话题，甚至上升为一种代表爱国情怀的符号。

华为手机在小米成功落地之后磕磕绊绊了一段时间，然后一举收获了比同时期同价位的小米更好的销量。2014 年 10 月 14 日，在华为荣耀畅玩品牌发布会现场，前荣耀掌门人刘江峰现场公布了一组惊人的数据。旗舰之作荣耀 6 销量已经超过了 200 万台，是小米销量的两倍。而且在 2014 年，荣耀 6 是国内名副其实的 2000 元价位机型的领头羊。除了自身足够硬的品质以外，华为还有一件法宝：爱国主义。

长期以来，市场上最受用户欢迎的手机绝对是苹果手机了。但是，苹果手机毕竟是美国品牌，它代表着美国的创新。而作为中国人，我们热爱国家，希望国产的手机产品能比肩甚至超越苹果手机。这时候，华为出现了，它是国内一家高科技公司，打败了不计其数的西方同行。许多人也许不清楚华为到底有多厉害，但是这并不妨碍他们支持华为。甚至许多人认为，支持华为就是支持中国科技；支持中国科技就是支持祖国的未来，是爱国的表现。怎么支持呢？就是购买和宣传华为的产品。当一款产品能够让消费者寄托情感时，它就会深入人心。

人们或为了谋生，或为了实现人生价值，终日奔波，无暇休息。但是，虽然工作忙碌，生活节奏快，人们在内心深处却依然保持着对自由生活的渴望，希望自己有朝一日能够做自己想做的事情，能够去自己想去的地方

看一看。当企业产品能够融入自由、浪漫等情感追求时，就会激发起消费者的关注，提升自身的人气。

一种特定的情感往往能够打动一个群体，引发其共鸣，提升企业产品的关注度，增加企业产品的追随者。所以，企业不妨着眼于为自己的产品打造一种专属情感，以此让产品和潜在消费群体之间形成连接，引发消费者的关注和情感认同。

2.4 聚焦小众，赢得专业市场

对于企业而言，想让自身产品获得所有消费者的喜爱是非常困难的。毕竟每位消费者的喜好都不同，关注的重点各异。企业产品想要面面俱到，最终可能适得其反，让自身在各方面都不突出，变得平庸。其实，对于大多数企业而言，只要获得某个消费群体的关注，赢得专业市场，就可以获得足够多的粉丝和可观的利润。

2.4.1 抓住特定群体的消费需求

企业在设计产品时，可以有针对性地以潜在消费群体为目标，设计出他们喜爱的产品外形和功能。这样一来，因为产品的针对性强，契合潜在消费者的消费特点和习惯，所以势必会引发潜在消费群体的关注，成为他们热议的焦点。

企业在推出产品之前，可以根据某一群体的需求进行有针对性的设计，量体裁衣，定向生产。这样产品就具有明确的定位，符合目标群体的消费需求和审美标准，自然也就会成为他们追捧的对象。

伊利针对中老年人专门推出了一种营养奶。相对于普通牛奶，这种营养奶更适合中老年人的特殊营养需求。例如，伊利中老年舒化奶心活配方中添加了天然植物甾醇酯，可以清除血管壁上沉积的胆固醇，有效预防冠心病。这款牛奶一经推出，就因为其针对性强，引发了中老年消费者的特别关注。中老年人随着身体机能的衰退，对健康越来越重视，特别是对心脑血管疾病有着强烈的预防意识。而伊利中老年牛奶高度契合了中老年人的这种需求，自然也就获得了无数中老年人的喜爱，成为他们的必需品。

企业也可以在针对大众的功能之外给自己的产品开发一些专业功能。虽然从大众角度来看，一些专业功能形同鸡肋，但是对于那些有刚性需求的人而言，这样的产品是非常难得的，甚至会成为专业人士必须购买的标准配置。

小米手机在功能上有很多创新，为广大消费者带来了许多独特的使用体验。例如，小米手机上带有气压计功能。虽然很少有人知道这个功能，但却是滑翔伞爱好者梦寐以求的，他们因为这个功能而更喜爱小米手机。

2.4.2 小而美，以质量取胜

对于产品而言，并非外形越大越好，功能越多越好。很多时候，太大的外型会让人产生一种笨拙的感觉，而太多太杂的功能则会给人留下一种滥而不精的印象。相反，小而精、小而美的产品便于携带，会给人留下更加深刻的印象。凭借精湛的做工和专业的功能，外形娇小的产品能够给人带来审美愉悦和良好体验。

对于企业而言，坚持专业性，保持主要经营方向不变，才能将自身产品做好做精，推出消费者喜爱的产品。如果企业进入的领域过多，势必导致资源的分散浪费，还有可能导致一事无成。所以，企业要想做出好产品，最大限度地吸引粉丝关注，就应该将坚持专业性视为最基本的原则。

以苹果公司为例。苹果手机在智能手机市场的先导作用是行业公认的。从这个层面来看，苹果手机可以称得上是所有智能手机生产厂家的老师。苹果手机之所以能够成为手机行业的“常青藤”，在于其每次开发新产品时都坚持专业性的原则。首先，这种新产品必须能独立成为一个品类；其次，它必须能够引领一种新的生活方式；最后，它必须属于生态系统中的一部分。在这种专业性原则的引导下，苹果手机往往能够突破瓶颈，推出一款又一款惊艳全球的新产品。正是这些新产品点燃了全球消费者对苹果手机持久的激情，使“苹果情结”融入了消费者的血脉之中。

移动互联网时代最强调极致。要么不做，要做就要做专业、做到极致。因为在移动互联网领域里，竞争极为残酷。在这种情况下，企业只有将产品做专做精，才能够生存下来。所以，这就需要企业拥有对产品精雕细琢、精益求精的工匠精神。有了这种精神，企业才能打造精品，赢得消费者。

三只松鼠股份有限公司是一家专门卖坚果食品的电商企业。2012 年，“三只松鼠”品牌一经推出，上线仅 65 天就取得了淘宝、天猫坚果类销量第一名的骄人成绩。它之所以能够吸引用户，首要的卖点就是极致的产品质量和服务。

消费者在网上买食品，最看重的是安全和新鲜度。为了解决这两个问题，三只松鼠做了很多调研工作，付出了很多努力。首先，他们尽量缩短了供应链。这样一方面缩短了产品到达消费者手中的时间，另一方面也提高了产品质量的可控性。在供应链管理中，首要的核心环节就是产品源头。为了寻找优质原产地，三只松鼠在全国范围内展开寻访，统一采取订单合作模式，而且提前给预付款。在收购原材料后，三只松鼠会委托当地厂商将原材料加工成半成品，而且每一家厂商生产的产品不能超过两样。然后，三只松鼠会把食品全部送到封装工厂或者冷库中，在消费者要购买时才拿出来，从而保证食品从生产出来到卖给消费者之间不超过一个月。可以说，三只松鼠把品质做到了极致，用这种精益求精的工匠精神打动了消费者。

2.5 口碑是潜在的磁石

在移动互联网时代，信息正以无法掌握的速度在无法掌控的范围传播着。大到上市公司，小到小门店，都会不可避免地受到口碑的影响。口碑可以帮助企业获得强大的力量，也可以以摧枯拉朽式的势态毁掉企业。不管你是掌控全局的公司老总，还是一个小摊位的店主，都必须了解口碑的特点，学会如何制造好口碑、树立好形象，这样才能更好地吸引粉丝的关注，更好地促进事业或工作的发展。

2.5.1 口碑和粉丝等同于磁石和铁

不管是古代还是现代，口碑一直是一种重要的、可信的传播途径。在我国传统文化中，有很多关于口碑的描述，如“好事不出门，坏事行千里”“众口铄金”等。在移动互联网时代，人们通过电话、网络社交平台等途径能够更快地传播口碑。也就是说，良好的口碑对于企业就如同一块磁石，可以最大限度地吸引潜在用户。

消费者在面对企业花钱投放在电视或者报刊杂志上的广告信息时，通常会觉得那些企业可能是自卖自夸，发布不完全真实的信息。消费者在心理上对各种广告信息就产生了一定的免疫力，这就削弱了广告的营销作用。但是，口碑却从不被企业“雇用”和控制，它源自于消费者的体验和评价，更加真实，更有借鉴意义。所以，在消费者心目中，口碑的可信度远远高于任何媒体广告和销售人员。

正是基于口碑的这种可信度，口碑营销具有莫大的威力。当消费者从第三方口中得到关于某种产品的完整、真实的信息后，他们对这种产品的看法就在一定程度上定型了。对于消费者而言，来自亲友、同事的真心推荐远远胜过广告所带来的影响，因为这些人提供的信息更加可靠。

企业必须重视一点：对于营销而言，口碑其实是一个增殖反应堆，它能够自我繁殖，自给自足，不需要消耗什么能量。例如，5 个人购买了某种产品，他们将自己购买和使用这种产品的经历和体验告诉周围的人，关于这种产品的信息就会在更大范围内传播。接收到信息的人再向他们身边的人进行二次传播，传播过程不断地延续下去，最终所能影响到的人数绝对是非常巨大的。因此，口碑在消费者群体中会自发地传播，产生巨大的能量。

2.5.2 爆品是粉丝传播口碑的动力源

爆品总能让粉丝尖叫，成为市场上的宠儿。所以，企业必须要有爆品思维，将自身产品打造成一款爆品，这样才能产生口碑效应，带动企业整体品牌的提升和相关业务的发展。那么，对于企业而言，如何打造一款自己的爆品呢?

正所谓物以稀为贵，企业在产品设计时要尽量避免选择那些在任何地方都能买到的产品。因为如果企业在销售这类常见的产品时在价格上不占据优势，那么在消费者眼里肯定也就平淡无奇、缺乏吸引力。所以，企业在打造爆品时应该尽量选择那些稀缺的产品，做到“人无我有，人有我精”，这样用户才乐于购买。

爆款产品大多具有成本领先优势，比同类产品具有更高的性价比。例如，小米手机相对于同样配置的其他品牌手机价格更低，其超高的性价比更容易吸引用户的眼球。所以，企业在选择产品时必须要着眼于产品的成本，判断它能不能在同类产品中凭借性价比优势吸引用户的眼球。找到了具有成本优势的产品之后，企业可以对其进行重点考察和精心打造。

对于企业而言，“匠心”是产品制造者必不可少的精神。“匠心”是指从始至终做精品的工匠之心，是企业管理者必须具备的对产品严格要求之心。在最开始，企业所推出的产品可能会有缺点。但是，只要有工匠精神，在后续的研发设计过程中不断改进，那么企业在一定时间内就会做出精品，获得消费者的青睐。

蜂蜜是人们常见的农副产品，种类多，竞争激烈。王先生进入这个行业后，为了能够打开销路、赢得市场，下定决心在蜂蜜研发技术上进行突破。他组织研发团队日夜攻艰克难，经过数次失败，最终攻克了蜂蜜固态化技术，让蜂蜜的存储更加方便，不仅提升了企业储存和包装蜂蜜的便利性，还极大地方便了消费者的食用。获得技术突破后的蜂蜜产品一经推出，就因独特的形态和便捷的食用方式而受到广大消费者的喜爱和推崇，成为蜂蜜销售市场上的一匹黑马。

除了产品性价比之外，消费者对产品的外观设计也非常重视，很多消费者更是习惯性地“以貌取品”。简约的设计风格能够带给用户愉悦的审美体验，简约意味着产品外形干练、线条流畅、特点突出，这些都会为产品增色，让产品更富有魅力。

小米手机就一直秉持简约的产品风格，在外形设计上从来不会追求“花哨”。不管售价如何，小米的每款新产品呈现在用户面前的永远都是一种简约美。这种简约风格能够留给用户非常好的第一印象，让很多用户对其“一见钟情”。

2.5.3 让用户主动做企业口碑的宣传员

从古至今就有“人言可畏”的故事，意思是众人的评论能够毁掉一个人；也有“名闻遐迩”的故事，意思是好的名声可以传扬到各个地方。如果企业能将产品和服务做到极致，获得人人称赞和推荐，这样一传十、十传百，那么企业的品牌就能迅速地确立起来，其产品就会成为众人争相追逐的对象。所以，企业一定要重视用户的评论，凭借自己的优势将用户转化为粉丝，让粉丝主动宣传自己。

正所谓“星星之火可以燎原”，一个人看似微不足道，但是一旦他成为你的粉丝，高度认可你的产品，他就会向身边的人夸赞说：“我购买的这款产品真不错，用起来棒极了！”而他的这句话就可能会影响两个人、三个人……接着，那些受到影响的人就会体验你的产品，然后成为产品的粉丝，继而去影响更多的人。

江小白酒业创始人陶石泉根据“江边酿造，小曲白酒”为自己的白酒产品起名为“江小白”，并且设计了一名“江小白”卡通形象代言人（见图 2-4）。江小白白酒口感清淡绵甜，主要针对年轻人群，主张简单、纯粹的生活态度，充满了时尚青春气息。这样的品牌定位使江小白吸引了“80后”“90后”群体，成功地获得很多“小白粉”。

图 2-4 “江小白”卡通形象代言人

企业要想让粉丝传播自身的口碑，就必须要时刻保持和粉丝之间的连接。那么，企业应该怎么做呢？当今社会，最受大众欢迎的、最活跃的媒体莫过于微博及微信等各种社交平台了。特别是一些成长型的企业，在广告、渠道、招商等方面和大企业不能相比。但是基于网络社交媒体，企业则能时刻和粉丝进行连接。只要企业能够抓住这些自媒体，利用线上与线下结合的方式，面对粉丝进行互动式宣传，就能让粉丝更加了解企业及其产品，并乐于自发地为其做宣传。

江小白公司的品牌宣传方式就是时刻与粉丝保持连接。江小白利用互联网连接思维，时刻关注当下消费者喜爱的事物和流行语录，创造自己的“品味”。最重要的是，为了最大限度地拉近自身和粉丝之间的距离，江小白在线上和线下同时展开活动，举办了“我们约酒吧”等活动。陶石泉认为，要想做好社会化营销，时刻保持和粉丝之间的连接，就必须在内容上有所创新。在其自媒体平台上，江小白发布的内容互动性强、生动有趣，而且话题贴近粉丝的生活。因此，很多粉丝都自发地为江小白品牌做宣传。

要想让粉丝发自内心地喜欢一个品牌，企业就必须改变传统的单方面强加给消费者的宣传方式。不管企业花费多少人力和财力，单向传播的效果都不会太好。企业应该从“给你什么产品”转变为“你想要什么产品”，让广大粉丝参与进来并自己做主，决定自身需要什么、不要什么。如果企业能够做到“从消费者中来，到消费者中去”，那么粉丝才能真正走近企业和品牌，甚至参与品牌的创建。这样一来，企业及其拥有的品牌自然就能获得粉丝的青睐，取得意想不到的成果。

江小白的官方微博“我是江小白”善于和广大消费者群体进行互动，其发布的内容富有哲理，非常幽默，对生活有启发。而且，对于粉丝的每一条评论，江小白都会认真回复。这些特点使江小白更容易留住粉丝，提高粉丝的忠诚度，最终形成一个稳定的、富有影响力的“粉丝大军”。一个品牌最大的悲哀就是在出现问题时没有多少消费者愿意和这个品牌站在一起，一同经历风雨。总之，没有粉丝的品牌注定会走向灭亡。企业如果能够吸纳消费者参与到品牌的传播中来，便抓住了粉丝经济的脉搏，拥有了光明的未来。

人人都喜欢心想事成，渴望在遇到困难时得到别人的帮助。如果企业能够快速地响应粉丝的需求，想粉丝之所想，急粉丝之所急，雪中送炭，那么自然能够在粉丝心目中留下良好的印象，获得广大粉丝的强烈拥戴。而提供优质服务就是企业吸引、凝聚粉丝的一个重要途径。

江小白为了最大程度地凝聚粉丝，特别看重和消费者线上及线下的互动。有一次，一位粉丝发微博说他在吃饭时看到江小白的广告牌，想品尝一下，但遗憾的是饭店的江小白白酒已经售罄。江小白创始人陶石泉看到这条微博后马上安排员工送去两件，将其中一件送给那位粉丝，将另一件补货给饭店。正是凭借这种雪中送炭式的服务，江小白获得了广大粉丝的支持，也赢得了更多潜在消费者的青睐。

2.6 打造自明星，构建磁场效应

对于企业而言，要想让自身产品和服务被消费者熟知和认可，一个关键的前提就是制造和利用明星效应。企业在为自己的产品做广告时需要请影视明星代言，但这需要支付一大笔费用。而在自媒体时代，企业可以通过将自己的员工包装成明星以拉近与消费者的距离。

2.6.1 自明星员工让企业处处闪光

企业可以鼓励自己的员工多在微博、微信等自媒体平台上展示自己，进行明星化包装，最大程度地与粉丝互动。这样企业就可以依托员工的个人平台来宣传产品，提升品牌形象。

哈里是一家美容公司的员工，该公司依托其个人微信号“哈里童颜魔法师”成功地宣传了特色美容产品，吸引了很多粉丝的关注。哈里之所以能够成功地将自己打造成自明星，和他自身的神秘性有着密切的关系。哈里在网上发布的照片中戴着一副口罩，这种充满神秘色彩的形象能够很好地调动起消费者的好奇心，吸引大家更深入地了解哈里及其产品。

小雨每天都会在朋友圈中发布俏皮的“真心话券”，逗大家一笑。当你在社交平台上为别人带来有趣的内容时，你就成了粉丝的牵挂。如果他们每天不看一看、不笑一下，就会觉得心里面缺少了什么似的。他们看到你发布的内容，就会变得开心起来，自然也就会非常喜欢你。

现在很多人都依赖手机，特别是微信出现以后，人们更是到了机不离手的程度。很多人吃饭时玩手机，排队时玩手机，走路时也在玩手机。朋友聚会时，大家围坐在一起却很少沟通，各自玩着手机。起床后，人们做的第一件事情就是去摸手机，看看有什么漏掉的微信消息；晚上躺在床上时，人们也会抱着手机刷屏不止……这些时间就是人们的碎片化时间。

如何占领粉丝的碎片时间呢？最简单的方法就是按照一定的节奏发布朋友圈。例如，在早中晚大家闲暇的时间，用精彩的内容吸引别人和你互动，让别人在微信评论互动中和你建立良好的关系。这样你就成功占领了粉丝的碎片化时间，也就占领了粉丝的注意资源。

2.6.2 自明星 CEO 从来不缺少关注

企业的管理者，诸如 CEO、总经理、董事长等，通常是大局掌控者。在大众的印象中，他们很少走到企业宣传的第一线，身先士卒，为企业的口碑摇旗呐喊。这种现像在过去也许很正常，毕竟企业管理者是掌控企业方向的，而吸引粉丝、进行口碑营销则由相关职能部门负责。但是在移动互联网时代，一切都朝着明星化方向发展。当企业管理者从幕后走到前台，运用自媒体频频和消费者互动时，那么他就可能成为商业明星。

相对于企业的普通员工，企业管理者的身份会给消费者带来一种权威感。而从心理学上看，人们普遍都有追逐和相信权威的心理，更容易在权威面前点头，继而成为权威人物的追随者。也就是说，企业最高管理者的身份更容易吸引消费者的眼光，能为企业带来更多的粉丝和更好的口碑。

SOHO 中国董事长潘石屹是地产界最早开通微博的企业管理者，也是现在房地产企业管理者中少有的自明星。他开设的新浪微博更新及时，内容丰富，风格幽默，信息量大，成为大众了解 SOHO 中国和整个地产行业的重要信息窗口。

潘石屹的微博之所以能够拥有数量众多的粉丝，一方面与其微博信息量大有关，另一方面与其 SOHO 中国董事长的身份也有着很大的关系。很多人之所以关注潘石屹，很大程度上是奔着其董事长的头衔来的。由此可见，企业管理者因为身份的权威性和特殊性更容易吸引粉丝的关注。

如果企业管理者的一举一动都能有效传播企业形象，将会给企业的品牌和产品带来不可估量的正面效应。企业管理者在自媒体上可以不用直接售卖产品，只要展示生活片段，透露日常工作的状态，便能产生巨大的影响力，成为众人眼中的自明星。

张小伟曾经是知名电商“麦包包”的创始人，后来开始涉足蜂蜜养生领域，开展农产品领域创业。张小伟也是自媒体运用高手，他每天都会在朋友圈发布信息，更新状态，展示个人魅力。

张小伟在朋友圈发布信息时，特别注重对产品供应链和产品质量的曝光。大到原料的产地选择，小到产品外包装的设计，他都会分享给粉丝。正是基于这种随时随地、严谨、生动的发布和展示，张小伟在微信朋友圈里的知名度不断飙升，成为拥有众多粉丝的企业管理者。

虽然人们在心理上倾向于相信有身份的人，但是如果企业管理者不珍惜自己的这种身份优势，不懂得如何强化自己的身份，那么久而久之，这种身份的权威效应在用户心中就会弱化，甚至荡然无存。所以，企业管理者需要不时地展示自己的身份特质，不断地向用户暗示自己所站立的高度，维护和强化自己在用户心中的权威形象。

小米科技创始人雷军在微博中不仅会借助自己的身份宣传小米产品，还会展示很多日常生活和工作片段。在这些展示出来的片段中，有和围棋大师对弈的感慨，有和商业领袖的合照。与这些高端人士的交往强化了雷军的身份权威，让粉丝感受到雷军的魅力。因此，粉丝在潜意识中自然也就更信任雷军了。

第3章 吸粉

在互联网时代，粉丝对于企业有着巨大的作用。可以说，谁抓住了粉丝，获得了粉丝的青睐，谁就可以迅速地传播自己正面的形象和口碑，快速占领市场，最终获得可观的利润。所以，企业必须要重视吸引粉丝，提升自身的粉丝数量，还要将粉丝最终转变为产品的消费者。

3.1　为企业培养种子用户

企业在创建之初，往往名声不显，产品缺少关注度。在这种情况下，企业必须从零开始，为自己培养种子用户。所谓种子用户就是最初接触和使用企业产品的人，这些人对企业产品的第一印象和初次使用体验会直接影响其身边人对产品的看法和购买决定。所以，企业必须重视培养种子用户，使其能够主动宣传企业的产品，助推产品口碑的形成。

3.1.1　邀请身边的人试用企业产品

产品好不好并不是由企业自己说了算，消费者说好才是真的好。这就需要企业通过各种方式不断地提升消费者的满意度，为自身产品慢慢地树立起口碑。企业创立之初或者某种新产品开发出来之后，最紧要的就是培养出一批种子用户，让他们作为媒介去影响更多的人。

对于企业负责人而言，邀请自己或者员工身边的亲朋好友试用企业的产品不失为一种非常简单高效的方法。一方面，这类人对企业比较熟悉和信任，对企业的产品在情感上比较亲近，因此很可能给出好评；另一方面，这类人很可能积极地为企业的产品进行宣传和推广，可以充分发挥种子粉丝的传播价值。

除了邀请亲朋好友试用产品以外，企业还可以将目光锁定在泛泛之交的人员身上。这类人虽然与企业创始人和员工没有亲密的情感连接，但是在之前接触过企业或者认识企业的员工。企业可以邀请这类人群试用产品，增强与他们的情感连接，提高他们对产品的好感，进而将他们转化为产品粉丝。

3.1.2 邀请老客户体验新产品和新服务

对于企业而言，老客户是非常宝贵的"身边人"，是异常珍贵的企业资产。如果企业能够将老客户转变为新产品的粉丝，培养其对企业品牌、新产品、新服务等方面的喜爱和忠诚，必然会收到相当不错的效果。

老客户和企业之间一般都有稳固的合作关系，对企业及其产品有很深的了解，在情感上有一定的信任基础。在此基础上，当企业进一步强化与老客户之间的关系，邀请其体验新产品和新服务时，就很容易获得老客户的认同。

很多企业负责人也许会觉得老客户人数比较少，影响有限。其实不然，将老客户转变为新产品的粉丝是非常有价值的，主要价值点在于传播的裂变。借助微信、微博、QQ这些网络平台，一个忠诚粉丝往往会快速裂变为多个粉丝，甚至影响一群数量庞大的粉丝。老客户在体验企业的产品和服务之后通常会主动分享自己的感受，这就直接影响了他身边的朋友、亲人、同事等人群。另外，老客户在消费群体中具有一定的影响力，他们的评价和消费体验能够得到广大消费者的信任，这就会帮助企业产品和服务快速树立起口碑。

3.2 制造轰动效应，吸引粉丝关注

要想吸引粉丝，企业必须要善于制造轰动效应。在这个信息爆炸的时代，各种各样的信息让人们目不暇接，企业要想冲出重围，就必须善于制造话题，抢占媒体头条位置。只有这样，企业在粉丝眼中出现的次数才会增多，给粉丝留下的印象才会更加深刻，对粉丝的吸引能力才能成倍提升。

3.2.1 抢首发，上头条

现代社会充斥着各种各样的信息，企业所做的努力往往会被淹没在信息洪流中。对于企业而言，想凭借小打小闹来提升关注度和吸引粉丝往往是很困难的。只有找到具备头条价值的事情，占据各种媒体的头条位置，才能引发大众关注，提升自身的粉丝数量。

公益是个很好的吸睛点，公益活动往往是媒体关注和报道的重点新闻，同时还能拨动人们的情感之弦。企业可以从公益话题入手，用公益活动来凸显自身承担社会责任的正面形象，从而赢得社会大众的好感，最大限度地抓住大众内心中最柔软的部分。

例如，企业可以通过关注弱势群体来提升自己的媒体关注度和社会影响力。弱势群体永远是公益活动关注的焦点，留守儿童、空巢老人等社会问题都是需要付出巨大努力才能解决的。这些群体因为自身能力有限，在

社会中往往处于相对弱势的地位。如果企业能够将公益活动的帮扶对象锁定为这类群体，为他们提供力所能及的帮助，就能极大地提升自身形象，获得更多人的好感。人们普遍存在同情弱者的心理，关注弱势群体会让企业树立起更加光辉的形象，变得更有影响力。

著名餐饮企业肯德基很喜欢在微信公众号上展示自己的公益形象，经常将关注的焦点锁定在弱势群体上，号召人们群策群力，共同帮助那些需要帮助的人。例如，其微信公众号上有一篇名为《“沉睡”图书馆复活记》的文章，向人们展示了肯德基对留守儿童的阅读和学习诉求的关注，呼吁人们为留守儿童捐赠图书。

企业可以在宣传产品和服务、确定自身优势时多运用一些夸张的语言，以此激发人们的好奇心和探索欲望，提升自身的受关注度，积累更多粉丝。当然，噱头不等于言过其实，更不同于欺骗，它必须是在事实基础上进行夸大，最终目的是为了营造一种吸睛效果，为企业包装上一种神秘、有价值的形象。

常月在大学毕业后加入了创业大军，成立了一家微信号运营公司，专门为中小型企业提供微信公众号建设和运营推广服务。成立之初，为了最大限度地提升自家公司的曝光率和知名度，积累粉丝数量，常月经常会利用一些噱头来提升平台流量。例如，在国庆节假期到来之际，常月便在公司微信公众号上发布了一篇名为《关于国庆节假期延长三天的通知》的文章。七天国庆节假日要延长三天？人们在看到之后难免会产生怀疑，感到兴奋，因此会急切点击以查看究竟。但是，文章开头的内容却是“做梦去吧，能放假就不错了”。这样的文章自然让人爱恨交加，噱头中具有娱乐性，吸引了很多人的关注。

3.2.2 借助热点事件提升粉丝关注度

生活中，我们总是会遇到一些热点事件，诸如重大科研发现、突发犯罪案件、自然灾害、名人娱乐新闻等。这些热点事件所产生的影响往往非常深远，能够在短时间内传递到社会的各个角落，成为家喻户晓、众人议论的对象。如果企业能够将自身和这些重大的热点事件联系在一起，那么便能够借助这些事件超强的社会影响力推广自身，迅速地获得关注，提升知名度，树立起良好的口碑。

那么，具体而言，企业怎样做才能更好地借助热点事件进行自我营销、吸引粉丝关注呢？

首先，热点事件必须是重要的。

要想借助热点事件提升自身的知名度，企业在选取事件时就必须选对选精。一般而言，事件越重要，越为人所知，就越具有被利用的价值。那么，怎样判断事件的内容重要与否呢？具体标准主要看该事件对社会产生影响的程度，如果它能够影响到的人越多，造成的社会冲击越大，那么它就越重要，对企业的传播价值就越大。

2014年，陌陌在即将赴美上市之际，网易突然发表了一份声明，声称陌陌的创始人兼CEO唐岩在网易工作期间有诸多“不合规”行为。被网易“突袭”之后，陌陌因为当时正处于上市缄默期，不方便驳斥，所以未发表任何声明进行回击。但是，这一事件在互联网领域却迅速地传播开来，成为人们探讨的热点。当时，某网站抓住这个热点进行事件营销，赚足了眼球，极大地提升了自身的知名度。

其次，企业需要为热点事件配上独特的创意。

企业不能生搬硬套，不能生硬地和事件“拉关系”，将自己捆绑在事件身上；否则，不仅不会提升自身的知名度，反而会产生“画蛇添足”的效果，让人觉得不自然，甚至心生厌恶。也就是说，企业需要用创意将自身和热点事件巧妙地结合在一起，留给粉丝深刻的印象，如此才能顺利地搭上热点事件的快车，提升自身的知名度。

人类一直在茫茫的宇宙中寻找地球的“兄弟姐妹”，期盼在地球之外发现生命体。所以，当美国国家航空航天局宣布可能发现了“另一个地球”时，整个世界都为之“疯狂”了。正是看到了“第二个地球”事件的巨大营销价值，徐铮影视文化工作室创造性地将地球的形态与徐铮的光头形象联系在了一起，用一种幽默的方式将两者作为海报元素（见图 3-1），成功地宣传了电影《港囧》，为其赚足了人气。

图 3-1　徐铮影视文化工作室的创意事件营销

最后，事件要具有传播性。

有时候，虽然事件看起来很重大，但是该事件的内容比较敏感或者发展过程存在不确定性，导致它的传播速度很缓慢，传播范围也很有限。这类事件并不适合企业“搭便车”。所以，企业在制定事件营销策略时，不能只将目光锁定在事件本身的重要程度上，还应该考察其被大众关注的程度以及能否快速传播开来。只有在事件被大众接受和认可的情况下，企业才能在其基础上吸粉，形成良性循环，吸引更多人关注和参与讨论，让事件达到峰值，最终达到完美的推广效果。

3.3 自媒体是吸引粉丝关注的流量金矿

移动互联网的高速发展和智能终端设备的普及让自媒体平台如雨后春笋茁壮成长起来，大有将传统媒体取而代之的趋势。对于企业而言，加大在自媒体平台的宣传力度，一方面可以节约大量的宣传费用，另一方面自媒体更符合人们的阅读习惯，能够紧抓人们的关注点。也就是说，如果企业做好了自媒体，吸粉能力自然就会相应提升。

3.3.1 微博是吸引成熟粉丝的主要阵地

在这个信息爆炸的移动互联网时代，每个人都是信息的受众，同时也是信息的发布者和传播者。在众多信息发布和传播平台中，微博出现的时间比较早，已经成为很多人生活中的一部分。无论年龄、知识结构和社会地位如何，你都可以在微博上发布信息，表达自己的感受和想法。

正所谓有人的地方就有信息，有信息的地方就会出现权威。随着“达人”和“大V”的进驻，微博渐渐成为最大的言论爆发地，各种独家消息从微博传往各处，影响着社会的方方面面。

很多企业觉得只要开设一个官方微博发布信息就可以了，很少有企业管理者在第一时间开设个人微博。一方面，企业管理者通常都很忙，没有时间打理；另一方面，他们也没有意识到个人微博的意义。企业能否树立起良好的口碑，和管理者、产品以及品牌宣传都有很大的关系。企业管理者通过微博展示个人魅力无疑是企业树立口碑的关键一环，有着不容忽视的巨大力量。

作为宁夏中房集团董事长，方陆很早就开设了个人微博，通过微博宣传房产知识，为中房集团的产品摇旗呐喊。而且，其个人微博还经常发布他的一些生活片段，展示其个人魅力，赢得了大批粉丝，为中房集团的发展壮大和口碑提升带来很大的助力。

互动是微博的第一要素，也是核心所在。如果企业仅仅在微博上发布信息，其他什么也不做，那么微博便会成为一个摆设。企业要想让发布的信息成为“引爆点”，在最短的时间内席卷移动互联网，就必须主动出击，打破信息的单向传播，发起话题和活动，尽量争取更多的机会与用户沟通和互动。

有奖转发活动是企业在营销过程中经常使用的一种方式。在奖品的诱惑下，用户会更积极地关注企业的官方微博并进行转发和评论，让企业发布的信息更迅速地传播出去，覆盖更多的人群。

此外，企业需要在微博上及时回复粉丝的评论，这样才能增加粉丝的黏性，获得更多的粉丝。粉丝的评论一般包括咨询性评论、反馈性评论、意见性评论、感悟性评论和无关评论五种。不管是哪种评论，企业的微博运营人员都应该耐心地解答，以真诚的态度和幽默诙谐的方式聚集人气，尽量让每一位粉丝满意。

HM作为闻名全球的快消品牌，非常注重自媒体，特别重视微博营销。它专门开设了“HM中国”微博，发布企业的最新产品，与广大粉丝互动。不管粉丝提出什么问题，“HM中国”都会耐心地解答，力求对每一条评论给出让粉丝满意的回复。正是因为能够及时地沟通和给予反馈，“HM中国”聚集了众多的粉丝，其发布的每一条消息都能迅速地扩散出去。

企业需要投入人力，建设好微博运营团队，让微博内容有新意、有活力，能够吸引大众的眼球。当然，有了专门的运营团队还不够，企业还需要通过微博组织一些活动来为自身攒人气，最大限度地吸引消费者的关注。这样一来，微博才具有更大的影响力，才能最大限度地传播企业和产品的正面形象。

小米手机在《来自星星的你》大结局播出之时，曾经借此在微博上举办一个活动，结果获得了巨大的成功。那一天，小米官方微博发布了这样一条消息：“欢迎来自星星的你，免费吃炸鸡喝啤酒，共庆小米2S直降400元！”与此同时，小米官网推出了“炸鸡啤酒”系列的手机保护壳、后盖。如此一来，小米手机成功搭上了“星星快车”，结果手机及其配件被“星星粉丝”们一抢而空。

3.3.2 用朋友圈开启“信任背书”时代

与微博不同的是，微信朋友圈是一个比较私密的空间。一提起微信朋友圈吸粉，很多人都比较轻视。他们认为朋友圈的传播手段和范围十分有限，如果依靠它来吸收粉丝，实在没有什么技术含量，也不会产生多大的影响。

其实这些人并不懂微信朋友圈，朋友圈绝不是微不足道、没有技术含量的圈子。虽然在朋友圈里看起来只能小范围传播，但是如果企业能够玩转朋友圈，也能形成良好的口碑，赢得大量粉丝的关注，最终会获得很大的收益。

从表面上看，朋友圈人数有限，即使企业玩得再好，所能获得的粉丝数量也不会很大，但是朋友圈营造了一种友好、亲密的氛围。通过与朋友圈中的好友互动，你可以取得他们的信任，促使他们自发地进行“信任背书”，这是朋友圈营销的精髓（见图 3-2）。在信任的基础上，你的好友会让更多的人了解你的产品和服务，关注和信任你的企业。也就是说，每一个人的背后都存在几十、几百甚至上千位微信好友，这些好友可能就是你的潜在客户。因此，如果你在微信朋友圈塑造好了个人形象或企业形象，自然也就不缺乏粉丝的关注。

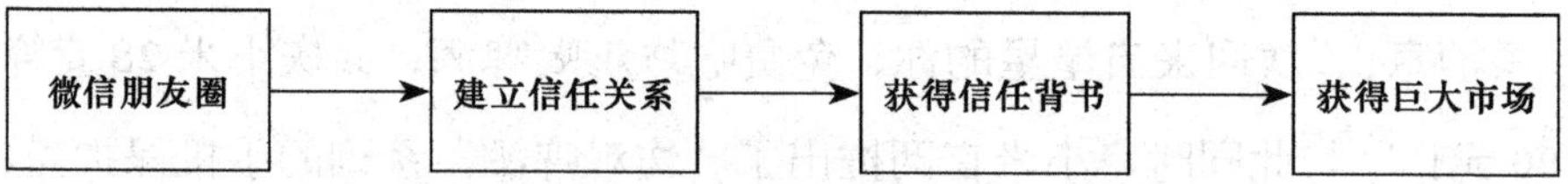

图 3-2　微信朋友圈营销的精髓在于“信任背书”

小燕当初在朋友的带动下开始在微信朋友圈销售产品，一开始她只是抱着试一试的想法，并没有寄予多大的希望。因为她觉得微信朋友圈覆盖的人数比较少，市场并不是很大，即使所有人都购买了她的产品，总体销售额也不会很高。但让她吃惊的是，因为彼此间关系都比较熟，微信好友都信任她的产品。再加上她的产品售价相对于实体店的产品低很多，所以大家不仅自己会购买，而且会向身边的亲朋好友强烈推荐她的产品。这样一来，在朋友圈好友的“信任背书”下，小燕的微店声名远扬，从一个圈子传播到更多的圈子，粉丝数量快速增长，大家都很积极地购买她的产品。因此，小燕获得了人生的第一桶金。

很多企业轻视微信朋友圈的信息传播功能，毕竟朋友圈主要面向亲友和有工作关系的人，而不是面向社会大众。特别是一些科技类和电子商务类企业，每天销售上千甚至上万单，如果将每个客户都归集到微信个人账号上，显然和企业的身份不匹配。而且，微信好友数存在上限，企业无法在朋友圈里无限制地发展客户。坦率地说，微信朋友圈确实更适合中小型企业传播信息，吸收粉丝，但是它在数字传播和营销上的作用绝对不容忽视。其实不管企业大小，只要善于利用微信朋友圈，就能对企业的信息传播起到非常大的推动作用，成为企业吸粉的利器。特别是企业的管理者，如果能够利用好朋友圈，通过朋友圈有策略性地发布信息，那么对于企业而言绝对是一个非常有效的信息传播窗口。

“醉酒客李长荣”是一位红酒销售人员的微信昵称，他善于利用微信朋友圈与客户建立良好的互动关系，随时随地发布产品信息、晒生活、晒工作。这种方式非常简单，也很自然，能够和粉丝保持实时连接，高效地传播企业和品牌的相关信息。

企业要想在微信朋友圈吸粉，就必须坚持诚信的底线。但遗憾的是，很多企业管理者并没有意识到这一点，其中有些人为了暂时的蝇头小利而故意夸大产品功能，甚至销售伪劣产品。这些做法无异于杀鸡取卵，企业最终只会自掘坟墓，因为失去信用而被粉丝无情地抛弃，在朋友圈不再有立足之地。

企业管理者必须明白，微信朋友圈的本质其实是为了结交朋友。所以，不管企业想在这个圈子里完成何种商业变现，都需要将起点建立在交朋友这个基础上。也就是说，企业要想在微信朋友圈成功地打响品牌，就必须先建立好朋友关系，获得粉丝的信任。当企业管理者在朋友圈里获得了粉丝的信任，彼此之间有了情感基础，那么企业所推荐的产品自然就会获得粉丝的重视，甚至被粉丝主动推荐，进而被更多的人关注。

3.3.3 用微信公众号播下口碑种子

随着微信引入公众号，微信已经从一个单纯的沟通工具慢慢转变为一个移动平台。微信公众号的后台有不少功能，如实时交流信息、管理用户、群发信息、管理素材等。

一个专业的微信公众号如果运营得好便会吸粉无数，获得巨大的号召力，对企业的口碑营销无疑会产生巨大的推动力。所以，企业可以创建自己的专属微信号，打造专业化的信息和服务平台，以此影响尽可能多的消费者。

微信公众号之所以能够具备强大的号召力，与其自身的活跃度高、服务面广、为生活带来了巨大的便利有很大的关系。现阶段，论坛、博客等曾经红极一时的互联网产品渐渐走向颓势，这些产品有一个共同特点就是缺乏平台性，无法与现实世界及人们生活的各个方面实现全面对接。相比而言，微博虽然也非常活跃，但是还远远没有达到让人们完全离不开的程度。

而微信公众号则不同，它在发展过程中借鉴了微博的利弊，非常注重保护平台的生态健康，对文章内容进行严格审核，对诱导关注、分享等行为予以严厉打击，营造了一个相对干净的环境，为其长久的繁荣打下了坚实的基础。平均而言，微信公众号的活跃生命期不会少于 5 年。鉴于其长久生命力，企业一旦将其运营好，就不会缺乏粉丝，也就自然具备强大的号召力。

企业要想让自己的微信公众号具备强大的号召力，就必须重视优质内容的生产，在发布产品信息的同时为广大用户提供优美的文字阅读体验和惊艳的视觉感受。这就要求企业公众号必须坚持原创原则，为用户提供专业化的内容和服务。

“超级手机”作为乐视手机的公众号，一直都非常重视优质内容的生产。该公众号向用户推送图文并茂的优质内容，举办各种令用户心动不已的活动，极大地调动了用户的互动积极性，不仅提升了公众号的人气，还为乐视手机储备了大量的粉丝，赢得了良好的口碑。

“微信之父”张小龙曾经在演讲中表示，应该鼓励真正有价值的服务出现在微信公众号里。一个有影响力的微信公众号除了向公众提供关于产品的最新信息和服务之外，还应该提供一些和用户生活息息相关的知识，诸如天气、健康养生、新闻热点、活动资讯等内容。这样，微信公众号才能在专业、原创之外被贴上“丰富多彩”“有用”“值得信赖”等标签。

如果说微博是真正的自媒体，那么有影响力的微信公众号就是在去“自”化。很多时候，一方面，个人因为知识储备、眼界、精力的限制，很难持续制作出超群绝伦的内容，在微信公众号的红海中脱颖而出；另一方面，随着底端分栏、微网站、HTML5 等功能的开放，对微信运营者技术开发能力的要求越来越高，个人很难包揽内容制作、图文排版、平台维护等所有环节。

所以，如果企业想创办一个有影响力的微信公众号，就需要组建一个高水准的运营团队，持续不断地给用户提供高品质的内容。也就是说，微信运营必须走团队化路线，避免单打独斗、闭门造车。

现阶段，很多企业总是习惯性将微信公众号当成营销平台，不断地向消费者推送产品的相关信息。其实，这种做法等于走进了死胡同。对于企业而言，微信公众号是好的营销平台，更是好的服务平台，如果企业能够利用得当，那么就能抓牢粉丝的心，为自己增加更多的铁杆粉丝。

小米公司于2013年开始做微信运营，专门组建了团队负责公众号。在不到一年的时间里，小米微信公众号就拥有了超过500万的粉丝，成为最大的企业公众号之一。小米微信公众号能够取得这样的成绩，关键在其专注于服务粉丝。小米微信服务号下面设置了三个导航标签：最新活动、自助服务和产品。消费者可以根据自己的需求点击标签，随后手机里会弹出回复。在“自助服务”标签中，消费者可以查看订单、小米之家的位置等信息。当消费者点击“产品”标签时，则能及时了解小米手机的系列产品，与小米进行互动。后来，随着粉丝数量的不断增加，小米公司还为其公众号开发了专门的客服后台。这个后台上有很多客服账号，能够保证很多客服人员同时在线。用户提交的问题会被随机分配给各个客服人员，然后后台会显示问题解决到了哪一步，所有信息都会实时共享。

3.4 抓住目标群体中的领袖

“羊群效应”存在于人们生活中的方方面面，羊群会近乎盲目地跟着领头羊前进，粉丝也会跟着群体中的意见领袖亦步亦趋。所以，如果企业想最大限度地吸引粉丝，提升自身的受关注度，那么就必须抓住粉丝中的领袖。

3.4.1 重视粉丝中的消费领袖

在移动互联网时代，每个人都可能成为万众瞩目的焦点。就个人而言，能够拥有一个粉丝群，成为群体的领袖，和大家一起谈天说地，享受被拥戴的快乐，是非常有趣的事情。在市场经济的大背景下，你会惊讶地发现，粉丝能产生巨大的经济效能。粉丝中的领袖因为有巨大的影响力而变得举足轻重，能够帮助企业顺利地展开口碑营销，让更多的粉丝加入赞美企业品牌、购买产品的队伍中来。

其实这个道理很好理解，粉丝中的消费领袖就如同娱乐圈的明星一样。生活中，我们经常能够看到某位明星参演了某部电影，这位明星在电影上映之前一定会通过自己的微博进行宣传，呼吁粉丝多多支持。这样一来，很多粉丝就会走进电影院，为电影票房做出贡献。企业重视粉丝中的消费领袖，其实也是同样的道理。如果企业做好了消费领袖的工作，那么在消费领袖的呼吁和带领之下，更多的消费者就会受到影响，成为企业品牌的粉丝。也就是说，消费领袖能够最大限度地宣传企业的口碑。

企业必须要意识到这一点：很多著名的草根“大 V”、名人明星本身就具有消费领袖的身份。当企业和这些重量级粉丝建立起友好的关系后，就能巧妙地从他们那里借力，制造话题，快速传播信息，获得更多粉丝的关注，最大限度地提升知名度和扩大影响力。

相对于在微博、微信上与名人进行互动和蹭人气，或者用高额的宣传费邀请明星或者粉丝领袖做形象代言人，企业获得粉丝红利的最有效手段还是亲自化身为意见领袖，成为行业专家，或者成为粉丝某个方面的顾问。这样一来，企业本身就有着庞大的粉丝群和不容小觑的影响力，在进行品牌营销时自然也就顺利很多，获得粉丝红利也就自然而然了。

小米公司便是化身为粉丝意见领袖的典型。小米在 QQ 空间、微博、微信等平台都开设有账号，通过这些平台大力宣传品牌知识，吸引粉丝。由于产品性价比高、活动丰富多样、内容幽默，所以小米吸引了众多粉丝的关注。在这些平台上，小米会向消费者详细普及产品的每一项功能，引导他们更加全面地认识产品，更加愉悦地体验产品，更加方便地操作产品。而且，其创始人雷军是微博名人，也是意见领袖，他常常会在个人微博中发布产品最新信息以及工作和生活感言，因而影响力巨大，拥有大批粉丝。在小米众多网络平台和雷军个人微博的合力之下，小米公司在众多粉丝中也就化身为意见领袖，其一言一行都影响了粉丝的消费选择。

3.4.2 请明星代言，打造强大口碑

企业除了要和明星名人以及网络“大 V”们积极互动，借他们之力进行宣传以外，还可以直接聘请这些人成为企业的品牌代言人，利用他们的消费领袖身份为企业品牌进行宣传，最大限度地放大这些名人身上特有的粉丝效应，提升企业的知名度以及企业品牌在粉丝心目中的地位。

凡客诚品于 2009 年在新浪微博开设了官方账号，其 ID 名为“VANCL 粉丝团”。但是开设初期，凡客诚品的粉丝数量并不是很多，比不过后来居上的众多企业官方微博。后来，凡客诚品意识到明星在粉丝中拥有巨大的影响力，决定主动出击，借用明星的力量吸引更多的粉丝，制造轰动效

应，扩大自身品牌的知名度。

2010 年 7 月，作家韩寒和演员王珞丹出任凡客诚品的形象代言人。穿着寻常 T 恤的韩寒说出的广告词顿时俘获了众多粉丝：“爱网络，爱自由，爱晚起，爱夜间大排档，爱赛车，也爱 29 块的 T-SHIRT。我不是什么旗手，不是谁的代言。我是韩寒，我只代表我自己。”这个广告文案一出，很快成为粉丝关注的焦点，各种版本的“凡客体”铺天盖地地涌现出来。星星之火迅速呈燎原之势，凡客诚品借着一波又一波的“火势”将自身品牌传播到网络的各个角落，取得了很好的营销效果。

3.5 捆绑下载

捆绑下载可以让企业借助热门软件、平台等资源快速地推广自身品牌，提升自身应用程序的使用人次。如果企业能够高效地运用捆绑下载这种方式，就可以迅速占领粉丝使用的终端设备，提高粉丝关注数量。

3.5.1 软件捆绑

企业要想最大限度地提升自身的知名度，吸引尽可能多的粉丝关注，就必须善于将自身置于焦点位置，登上人气舞台。和热门软件进行捆绑合作不失为一种好方法，企业可以利用热门软件的高下载率将自身应用平台的客户端植入用户电脑或者手机上，从而锁定用户进入互联网的门户，最大限度地吸引粉丝关注。

软件捆绑的种类比较多，几乎涉及电脑和智能手机日常使用的方方面面。通过仔细梳理，我们可以将捆绑软件大致归纳为如下几类：网络搜索、病毒查杀、网络浏览、影音播放、文字处理、图像处理、英汉词典、社交、游戏等。这些捆绑软件在安装时大多都会用可选框的形式提醒安装者是否要安装某个程序。例如，当我们在下载 QQ 程序时，就会有提示信息提醒我们是否安装 QQ 影音之类的程序。这就是典型的用软件来捆绑软件，进行相应的用户推广。除此以外，企业还可以利用软件捆绑网站链接、产品销售等。

360 安全卫士的电脑终端覆盖率非常高，无论在推广上还是在盈利模式上都是软件捆绑的成功案例。360 安全卫士可以为个人、网站、企业提供个性化定制服务，这种推广策略实际上就是与个人的人脉、网站的影响力、企业的资源捆绑在一起。其中效果最显著的是与下载类网站的定制捆绑。下载类网站本身针对性强，在为网民提供好用软件的同时，也提高了自己的曝光率，从而实现多赢。

另外，360 安全卫士通过“杀毒”及“装机必备”两个重要推荐栏目为合作伙伴带来大量的装机量及销售量，同时自身也获得相应的费用。360 安全卫士的捆绑几乎能改变一个行业的软件格局或者成就一款软件，使其获得大批粉丝关注，进入千家万户的电脑中。

3.5.2 功能捆绑和账号捆绑

功能不同的服务捆绑在一起，可以带给用户全面的体验。例如，微软的操作系统捆绑 IE 浏览器，腾讯的 QQ 游戏、QQ 邮箱、QQ 音乐、QQ 空间、QQ 浏览器等全都捆绑到 QQ 这款即时通信软件上。腾讯利用 QQ 庞大的用户群，将各种功能不同的产品渗透进去，最大限度地提升了市场份额。

账号捆绑最早是门户网站的通行证，用户只需要注册一个账号，如新浪或者 QQ 账号，然后将这个账号与其他网站或应用程序绑定在一起，就可以使用它们的一站式服务。随着网页游戏联合运营的火热，联合运营平台的注册用户可以使用通行证，用一个账号登录多个游戏，实现“一号多能”。

企业可以根据自身的产品和服务特点，有针对性地与热门网站或者平台进行合作，与它们的高人气功能或账号进行捆绑，推广企业网站或者手机 App。通过这样的捆绑，企业能够高效地利用人气网站和平台的粉丝资源。

3.6 紧抓互联网入口

随着移动互联网的高速发展和智能终端设备的大量普及，人们接入互联网的端口也变得越来越多。当企业能够紧紧地抓住粉丝进入互联网的入口时，就能提升自己的网络流量，吸引越来越多的粉丝。

3.6.1 增加搜索曝光率

网络在现代社会中占据着非常重要的位置，深刻地影响了人们生活和工作的方方面面。互联网的信息传播模式具有明显的推拉互动特点——信息源推出的是素材，而用户拉出来的则是自己感兴趣的那部分内容。也就是说，个性化的信息需求已经成为人们进入网络的主要原因，这就决定了搜索引擎的重要性。对于企业而言，提升搜索曝光率，尽可能多地出现在用户视野中，才能吸引更多人关注，提高点击率。

搜索引擎营销公司 iPropect 研究发现，人们在搜索某个信息时，22.6% 的搜索者只浏览第一页的搜索结果，18.6% 的搜索者只点选第一页的搜索结果，25.8% 的搜索者会浏览前两页的搜索结果，14.7% 的搜索者则会在浏览完前三页的搜索结果后停止继续阅读，总计 81.7% 的搜索者没有足够的耐心翻看第三页之后的内容。也就是说，大多数搜索者的阅读极限为第三页内容的末尾。

所以，如果企业想提升自身品牌在粉丝面前的曝光率，就必须提升自己的互联网搜索排名。企业可以通过和互联网搜索引擎公司合作，采用竞价方式进行优化排名，力求进入搜索排名前三页之内。只有这样，企业品牌才会频繁地出现在大众视野中，知名度才会提升，关注的人数也才会慢慢积累起来。

企业除了通过付费方式提升自身品牌的搜索排名之外，还可以利用关键词提升自身产品和服务被搜索到的概率。例如，企业可以为自己的产品名称植入当前的热搜关键词，或者为推广文案标题植入流行词语。通过和当前热搜词语、大众流行语挂钩，企业可以搭乘热点事件或焦点人物的“人气快车”，提升自己被用户关注的概率。

3.6.2 提升应用商店排名

随着移动互联网的快速发展，智能手机已经成为人们生活和工作的标准配置，让人们可以随时随地接入互联网。而大型手机生产企业，如华为、小米都会在自己的手机中植入应用商店，粉丝可以在此商店中挑选和下载自己需要的手机 App。企业可以通过提升应用商店排名来提升自身 App 的被下载率，增加 App 的使用人数，最终达到提升粉丝关注数、增加流量的目的。

所以，企业可以通过和手机生产企业进行合作的方式，提升自身 App 在应用商店内的搜索排名，或者将其植入品牌手机应用商店的首页，在第一时间占据用户的注意资源。一般而言，人们想要在手机上下载某种应用程序，首先会想到的是点击手机上的应用商店，看一看里面有没有自己需要的东西。因为从安全性上看，应用商店里的软件都是经过生产厂家事先检测过的，会让用户感受到一种天然的安全感，从而将其作为下载程序的第一选择。当用户点开应用商店，看到或者迅速搜索到你的 App，就可能对其产生兴趣。这样一来，用户自然乐于下载和使用你的 App，并且还可能会主动向身边的人宣传和推广你的 App。

第4章 铁杆粉丝之路

铁杆粉丝是指对企业品牌忠诚度极高的群体，他们不会因为企业产品或服务一时的好坏而改变对企业品牌的支持态度，而是会像家人一样与企业同喜同悲，积极主动地宣传企业的产品，参与企业的研发设计和营销推广。由此可见，对于企业而言，铁杆粉丝是极其重要的资产。如果企业在最初培养出一批铁杆粉丝，就能在之后的口碑营销中依靠他们撑起市场，快速发展。

4.1　好产品是打造铁杆粉丝的基础

企业要想最终赢得市场，就必须做好产品。产品是拳头，产品质量必须过硬。企业推出的产品品质好、有特色、适合消费者，才能引起消费者的关注，获得消费者的认可和喜爱，最终成为消费者生活中必不可少的一部分。所以，企业培养铁杆粉丝在本质上就是一个打造适合消费者的精品的过程。谁的产品更适合消费者，品质更高，谁就能获得更多的铁杆粉丝，就会取得更大的成就。

要想吸引粉丝关注，提升粉丝的忠诚度，培养尽可能多的铁杆粉丝，企业就必须抓好产品设计环节，给粉丝营造一种期待感和惊艳感。毕竟人人都期待获得一个与众不同的产品和一种愉悦美妙的体验，如果企业能够做到这一点，就会在粉丝心目中留下深刻的印象，自然也就会收获自己的铁杆粉丝。

对于用户而言，产品设计得如何，功能是否强大，其实是通过与其他同类产品进行比较而得出的结论。在价格相差无几的基础上，如果一款产品比其他产品性能好，那么这款产品就好；相反，如果一款产品在性能上比不过其他同类产品，那么它便不会进入消费者考虑的范围，最终便会被无情地淘汰掉。

小米手机能够在竞争激烈的智能手机行业异军突起，由最初名不见经传的小品牌发展成为今天的行业巨头，依靠的就是“为发烧而生”的经营理念。在雷军等创始人看来，小米手机应该具备极高的性价比，尤其要在性能上比同价位手机胜出一大截，甚至能够挑战那些比较昂贵的高端手机产品。

很多产品虽然看起来美好而强大，但是操作起来却异常繁琐，导致很多用户望而却步。用户喜欢能够轻易理解和掌握的产品，因此企业在设计产品时要懂得做减法，除了要在产品功能和外形上坚持简约设计原则以外，还需要在产品操作性和实用性上贯彻简约理念，让用户能够在最简单的条件下操作产品。

用户喜欢能够轻易理解和掌握的产品，因此企业产品在开发设计时就需要秉持简约理念，最大限度地减少操作流程和界面，能一步解决的就绝对不分为两步。这样新产品才能让用户在最简单的条件下享受到最棒的体验感。

微信“摇一摇”功能最大限度地减少了操作流程和界面，实现了让用户以最简便的方式使用产品，因此火爆起来。该功能的界面里没有任何按钮和菜单，也没有其他入口，简约到只有一张图片。在这个界面中，用户只需要做一个动作，就是摇动手机。这个动作非常简单，人们轻易就能做到，大大提升了用户操作的简洁性，提升了用户使用时的参与感和仪式感。

随着社会的不断发展进步，很多消费者在购买产品时除了看重质量和使用价值以外，还越来越看重产品的个性化特色。也就是说，对于消费者而言，产品的装饰性、身份性等符号化的特征变得越来越重要，已经成为影响消费者做出购买选择的重要因素。所以，企业在设计产品时要习惯性地站在用户角度思考问题，多想一想用户最喜欢什么样的产品，力求让自己的产品具备人格魅力。如此，企业的产品才会变得更有个性，才能引起消费者的关注，培养出一批铁杆粉丝。

4.2　打造思想上的磁石

布莱士·帕斯卡（Blaise Pascal）说过：“人只不过是一根芦苇，是自然界最脆弱的东西，但他是一根能够思想的芦苇。”人和动物的根本区别在于人有思想，能够用更复杂的方式应对环境，更好地生存。所以，企业在制造高品质产品的同时也需要在思想上有所创新，打造出“思想黑洞”，强力吸引粉丝关注，最终和粉丝在思想上建立起强连接。

4.2.1　让思维惊艳粉丝

企业除了要在产品品质上下功夫以外，还需要在思维上进行创新，力求展现出与众不同的思维，让粉丝感到惊奇，继而产生强大的磁场效应，提升粉丝对产品的忠诚度。也就是说，企业要善于从思维上吸引粉丝，抓住粉丝，以此培养出真正的铁杆粉丝。

人们习惯顺向思维，很少逆向思考。如果企业善于打破人们的思维定式，用逆向思维与粉丝进行互动，那么就会给粉丝带来思想 “风暴”，引发粉丝的崇拜浪潮。企业在设计和改进产品的过程中要敢于反传统，善于从别人想不到的角度去看待产品。这样一来，企业的产品创意才会更有看点，才能引发消费者更广泛的关注，使消费者对企业的创新能力另眼相看，最终成为企业的铁杆支持者。

农场主壮壮很擅长运用逆向思维。他认为传统的西瓜种植是封闭式的，不允许别人进入种植场，害怕外人对西瓜生长产生不利影响，或者害怕有人偷摘西瓜。但是，他反其道而行，认为西瓜种植其实也可以是开放式的。壮壮将自己的西瓜田地对外开放，主打观光休闲、体验式的田园农业。在开放的第二天，他便迎来了一批城市观光客，这些人在西瓜地里展开了一场激烈的吃西瓜比赛，在自媒体上进行图文直播，引起了很多网友的兴趣。当天，壮壮的西瓜销售额成倍增长，进账数万元。壮壮的产品创意秘诀就在于逆向思考，抓住了城市游客的消费心理，将原来的封闭式西瓜种植模式改为开放式观光体验模式，让游客不仅可以品尝新鲜的蔬菜、水果，还可以体验自助采摘和放松心情。壮壮通过这种方式打开了新市场，获得了巨大的成功。

企业除了可以通过自身经营活动向粉丝展示思维上的魅力以外，还可以通过自媒体将自身包装成思想上的智者，为粉丝储备丰富的精神食粮，提供明晰的思维方向。如此一来，企业就会成为粉丝离不开的思维仓库。

华为非常注重打造自己“思想智者”的形象，通过“蓝血研究”微信公众号不断地展示公司的经营战略，阐述公司的发展思想，让粉丝进一步了解了华为在思维逻辑上的与众不同。更重要的是，“蓝血研究”聚焦于人类的思想和心理，力求通过对人类消费行为的研究来揭示更深层的思想根源。例如，在中秋到来之际，“蓝血研究”就发布了一篇名为《从“芯”出发，看不同性格的人如何过中秋》的文章，深入地探究了手机芯片和使用者性格上的联系，为粉丝带来了一场思想盛宴，对粉丝产生了强烈的吸引力。

4.2.2　用知识栓牢粉丝

企业除了卖产品和展示自身独特的思维逻辑以外，还必须与粉丝建立知识连接。现代社会中人们对知识的渴求异常强烈，都渴望通过一切渠道学习新知识，增加自身的知识储备，以期变得更有智慧，更具竞争力。如果企业能够打造出一个知识平台，为粉丝提供各种各样的知识，那么就能和粉丝建立起强连接，继而培养出自己的铁杆粉丝。

企业可以在“全”字上下功夫，打造知识百科平台，用全面而丰富的知识吸引粉丝。这些知识越全面，企业越能融入粉丝的生活，粉丝也就越容易习惯性地关注和依赖企业的知识平台。

国内饮料市场的知名品牌“加多宝”非常注重以丰富的知识内容来吸引人们的关注，并以知识为纽带和粉丝建立起强连接。其微信公众号“加多宝凉茶”会定期推出各种知识类文章，内容涉及对热点事件的深度解读、对情感的另类剖析、对生活经验和工作技巧的传授等方面，可以为粉丝带来很多帮助。所以，很多粉丝每天会习惯性地点开“加多宝凉茶”，阅读上面的最新文章，进而成为加多宝凉茶的铁杆粉丝。

企业在知识内容上做专做精，有利于培养铁杆粉丝。专业知识虽然只局限于某个领域，但是能够对专业领域内的粉丝产生强大的吸引力。这种打造专业知识平台的策略对于一些专注某个领域的企业而言非常适用，只要做好这一点就可以培养出很多铁杆粉丝。

“俏厨娘”餐饮致力于向粉丝传播专业的饮食知识，教给粉丝如何吃出感觉、吃出健康、吃出幸福。其微信公众号上的文章都围绕着“吃”和“健康”展开，向粉丝传授饮食方法和养生技巧，深入地挖掘餐饮文化背后的精髓。通过这些专业知识，“俏厨娘”成功地吸引了大批对美食和养生感兴趣的铁杆粉丝。

4.2.3 特立独行反而令粉丝更难忘

在这个崇尚个性的时代，中规中矩反而很难吸引粉丝关注，更难以得到铁杆粉丝的鼎力支持。相反，特立独行、个性鲜明的企业和产品则很容易获得关注，而且更容易获得铁杆粉丝的崇拜。所以，企业在打造思想上的“磁石”时不妨给自己贴上“特立独行”的标签，以此作为吸引铁杆粉丝的秘密武器。

独特的思想往往会因为新奇的视角而带给粉丝一种全新的认知，令人耳目一新。虽然粉丝在初次听闻这种思想时可能会觉得很片面，甚至滑稽，但是仔细审视之后却会产生醍醐灌顶之感。于是，这种富有个性的思想会深深地扎根于粉丝的内心，提出这种思想的人或企业自然也就成为了粉丝崇拜的偶像。

“立读文化”一直坚持着自己的个性和独特的思想，善于在文章中展示与众不同的观点，为粉丝提供看问题的全新视角。基于此，“立读文化”吸引了很多粉丝的关注，培养出了一批积极留言互动的铁杆粉丝。例如，“立读文化”发布了一篇名为《老婆还是娶贵一点的好》的文章，换一个角度为粉丝分析了多出彩礼娶妻的种种好处。这种思想对粉丝具有一定的冲击力，引起了粉丝的积极互动。

一些企业管理者在粉丝眼中的形象是非常严肃的，缺乏幽默感。这些企业管理者即使在自媒体上发布信息，也会一板一眼，庄严慎重，没有幽默感可言。但是，在当前快节奏的生活和工作中，幽默感是一种稀缺资源。

同时，人们承受着越来越大的压力，需要快乐元素。在这种背景下，如果企业管理者能熟练地营造出幽默轻松的氛围，展示独特的个性和思想，就可以通过个人魅力进行圈粉，最终培养出自己的铁杆粉丝。

自从创办了一家美容连锁企业之后，程菲就开始在微信朋友圈发布和美容有关的话题，以吸引粉丝关注，培养企业品牌的第一批铁杆粉丝。和很多人直接晒产品不同，程菲善于在思想精神上感染粉丝，通过调侃的方式向粉丝传递一种幽默感，为粉丝带来欢乐。例如，程菲发布过一条图文消息，在一瓶牛奶配图下这样调侃道："过期了一箱牛奶，扔掉可惜，就用来洗脸。有小半月了，脸比脖子白了半个色……这是真的。"她没有直接夸耀自己出售的美容产品，而是分享自己的美白经历，以幽默感和生活化的表达方式赢得了粉丝的好感。

4.3 用免费绑定粉丝的心

每个人在生活中都有这种感受，一提起免费赠品，特别是企业送给你的产品，你的内心就会感到甜蜜和兴奋。如果企业能够在营销过程中巧妙地运用免费策略，就能让自身产品成为大众谈论的焦点，形成围观效应，迅速聚集起人气，赢得市场。

4.3.1 免费赠送礼品，带给粉丝惊喜

人人都有"不劳而获"的心理，总会做一些天上掉馅饼的美梦。针对这种心理，如果企业能够有规律地向消费者赠送礼品，就会给他们留下深

刻印象，让他们对企业另眼相看，成为时刻关注企业的铁杆粉丝。

但是，有些企业在实际运营时尽管打出了免费赠送的口号，最终结果却不尽如人意。原因在哪儿呢？在运用免费策略时，企业应该怎样做才能让免费赠品达到“四两拨千斤”的效果呢？

第一，要突出一个“真”字。

很多企业经常会推出“买一送一”“买一赠二”的活动，以此聚集人气，提升口碑。令人遗憾的是，有些企业在做活动时可能会虚报产品价格，或者赠送伪劣产品。这些没有诚意的行为让原本的赠品成为“鸡肋”，甚至是“毒药”，会引发消费者强烈的不满。违背诚信的的行为其实等同于自毁口碑，因为没有诚意的赠品会让这些企业失去消费者的信任。

第二，要营造激动人心的氛围。

企业做优惠活动的目的是营造一种激动人心的氛围，最大限度地聚集人气，提高粉丝忠诚度。企业可以根据自身的实力，在促销时提供高品质的赠品，甚至可以将所赠产品的价值提升到促销产品之上。这样就能营造出激动人心的氛围，引发消费者的关注，形成围观效应并带动其他产品的销售。

优喂为一家 ODM 公司设计通信系统 App“雄伟通讯”时，利用“车主免费电话”功能在车主群体中成功营造出了轰动效应，促进了该 App 下载数量的飞速增加。下载了该 App 的用户只需要点击登录首页，就可以享受免费通话服务。对于通话次数非常多的司机而言，这项免费功能具有很大的诱惑，其一经推出便成功引起了目标消费群体的强烈反响，为这个 App 赢得了大批粉丝。

第三，要引起消费者向其他人展示赠品的欲望。

如果企业免费赠送的产品让消费者感觉很独特，或者具有很好的性能，那么他们会很愿意向身边的人展示赠品，分享自己的购物经历，甚至可能鼓励亲朋好友也参与进去。这样一来，产品就得到了传播。所以，企业要利用好粉丝的这种心理特征，赠送给粉丝精美而又具有分享价值的礼品，让粉丝帮助自身宣传产品，从而聚集人气，建立良好的口碑，最终强化粉丝的归属感，提升粉丝对企业的忠诚度。

总之，企业要巧妙地设置赠品，通过赠送实物带给消费者美妙的消费体验，获得他们的信任，让他们乐于分享购物经历。当然，企业还可以使用赠送礼品的方式来引导他们的消费意识和习惯。时间久了，他们自然就会依赖这种消费方式，还会越来越信任企业，最终成为铁杆粉丝。

4.3.2　免费提供服务和娱乐，让粉丝感受温情

有些企业对服务比较轻视，认为制造出好产品才是王道；有些企业则将服务视为可以谋利的重要工具，向消费者收取高额服务费用。

对于企业而言，产品的销售关乎利润，是必须要重视的，但服务也是不可或缺的。服务是企业的软实力，如果将服务做好了，企业在粉丝心中的形象就会更加全面和高大。而且，不收取任何费用的服务能向粉丝传达出一种浓郁的亲近之情，自然会获得粉丝的善意回应。在免费服务的基础上，企业培养铁杆粉丝的成功率就会大增。

世茂倾城是世茂集团在银川的一个地产项目。为了培养自己的铁杆粉丝，提高该项目的整体人气，世茂集团将打造优质服务作为营销重点，推出了一系列免费服务项目，获得了粉丝的一致好评。例如，世茂集团推出了联合善诊服务，联合知名医院长期为粉丝提供免费的体检服务。

正所谓“众人拾柴火焰高”，一个铁杆粉丝能够影响一批人，而一批铁杆粉丝则能影响整个市场。所以，如果企业想让铁杆粉丝最大限度地宣传品牌形象，撑起品牌口碑，就必须为这些铁杆粉丝建立起一个网络家园。这个家园可以让他们聚集起来畅谈自己的产品使用体验，了解产品研发的最新进展，表达对新产品的意见。

华为手机的畅销离不开粉丝的支持，特别是铁杆粉丝的聚集和宣传。华为进军手机行业后认识到铁杆粉丝的重要性，建立了“花粉俱乐部”，以此最大限度地发挥铁杆粉丝对华为手机品牌的支撑作用。“花粉俱乐部”的建立产生了极大的聚集效应，让分散在全国各地的华为铁杆粉丝找到了家园，可以随时沟通交流，这进一步激发了他们的忠诚感。更重要的是，众多活跃的粉丝吸引了一大批新人加入“花粉俱乐部”，对华为手机口碑的建立和宣传起到了巨大的推动作用。

现代社会中，人们越来越看重娱乐精神。如果企业做好了娱乐活动，其实就等于抓住了用户的心，聚集了人气。所以，企业也可以通过提供免费的娱乐活动广泛地吸引用户参与其中，在愉悦用户的前提下与他们建立更亲密的关系。

4.4 赋予粉丝重要感

除了通过提供极致产品获得粉丝青睐以外，企业还可以通过授予相应特权表达对粉丝的尊重，给予粉丝相应的荣耀，让粉丝产生重要感。如此一来，粉丝自然会格外关注企业，对企业产生归属感，最终在心理上将企业放在更重要的位置。

4.4.1　邀请粉丝参与新产品的开发

在互联网时代，“用户为王”是提升口碑、占领市场的一大黄金定律。在这条定律的支撑下，众多企业都绞尽脑汁地想要大力提升用户的忠诚度，打造自己的铁杆粉丝群体。但遗憾的是，成功的企业少，失败的企业多。为什么会出现这种情况呢？究其原因，其实大多数企业没有将粉丝纳入产品开发过程中，粉丝缺乏参与感，对企业品牌的认知度和忠诚度自然也就不会太高。所以，企业可以用“直播研发过程”的形式将研发过程全方位地展示在粉丝眼前，邀请粉丝为产品研发出谋划策，提升粉丝的参与感，进而让粉丝真心喜欢企业的产品。

2016 年 8 月 23 日，乐迷社区以乐迷（乐视的粉丝）当时关注的“个人热点设备管理功能的研发”为主题，进行了长达 5 个小时的新版 EUI 技术研发直播。本次直播包括乐视新版 EUI 预期功能介绍、技术团队研发直播揭秘、乐迷体验互动 EUI 内测以及乐视高管与乐迷面对面互动四个环节。在直播中，乐视打通了与乐迷之间的沟通壁垒，邀请众多乐迷来做产品经理，让乐迷参与乐视产品的研发过程。这不仅让乐迷升级为乐视产品研发的合伙人，而且开创了业界首次直播技术研发全部流程的互动研发模式。通过这次直播活动，乐视向乐迷展示了自身产品的高技术性，表达了对乐迷的尊重和重视，让乐迷感受到自己是被需要的。

铁杆粉丝非常痴迷企业及其产品，对它们的了解堪称细致入微。他们的某些看法往往能够直指本质，为研发人员提供帮助。所以，企业不妨将铁杆粉丝变为研发团队的一员，汲取他们对产品研发设计的意见。一方面，这能够让产品变得更加专业，更适合消费者的需求；另一方面，这种做法会被粉丝视为莫大的奖励和荣誉，促使他们更主动地宣传和推广企业的产品，更忠诚于企业品牌。

早在小米新款手机尚未发布时，MIUI 论坛上就活跃着一群对新产品特别喜爱的发烧友，他们积极参与了小米手机的研发和品牌塑造的各个环节。正是因为广大发烧友支持小米并积极为其提供意见，小米手机才能在功能上大放异彩，成为发烧友专属设备。

4.4.2 给予粉丝足够的尊重

人和人之间在情感上的关心是相互的，你关心对方，对方也就可能关心你。企业和粉丝之间的关系也是如此，如果企业想培养出自己的铁杆粉丝，就必须给予粉丝足够的尊重，让粉丝感受到关爱和重视。这样一来，粉丝就会回报企业，全心全意地宣传企业的产品和服务，成为企业口碑传播的生力军。

对于企业而言，粉丝是最宝贵的财产。在粉丝的支持下，企业才能做出最佳产品，树立口碑，占领市场，获得利润并长期发展下去。特别是在移动互联网时代，粉丝效应能够让企业迅速地成长起来。所以，企业应该珍视自己的每一位粉丝，维护和粉丝之间的强关系。

MIUI 发布第一个内测版本时，第一批用户只有 100 人。那时候小米在手机市场上还默默无闻，也没有做任何推广活动，这最初的 100 名用户便成了小米最宝贵的财富。小米手机将这 100 人的论坛 ID 写在了开机页面上，以这种方式向他们致敬。除此以外，小米公司董事长雷军在每次发布和开卖新品时必定会亲临现场，与粉丝互动，表示对每一位粉丝的重视，让广大粉丝印象深刻。

企业需要通过各种调查了解粉丝的期望值，然后及时对相应的产品和服务进行调整，使其达到甚至超过消费者的期望。也就是说，企业需要在粉丝最期望的方面自我加压，进行突破，最大限度地满足粉丝。这样才能让粉丝明显感受到来自企业的重视和尊敬，从而提升粉丝的满意度，为企业快速地树立起口碑。

小米手机非常重视满足消费者的期望，为此设计了名为“橙色星期五”的互联网开发模式。在这种模式中，MIUI 团队通过论坛与用户进行在线交流，了解用户对小米手机最大的期望是什么，然后在设计产品时将用户期望充分考虑进去。小米重视用户的意见，根据用户期望研发和完善产品，因此提高了用户的满足度，获得了众多粉丝并建立起了良好的口碑。

4.5　加大交往投入，成为粉丝的家人

没有互动，就没有友谊。为了提升粉丝对企业产品和服务品牌的忠诚度，让企业在粉丝心目中更有分量，企业必须加强与粉丝群体的互动，在系列互动活动中拉近自身和粉丝之间的距离，让粉丝感受到家的温暖。

4.5.1　举办粉丝节，与粉丝聚在一起

企业必须加强自身和粉丝之间的交往，持续投入情感资源，才能赢得粉丝在情感上的支持。为粉丝举办一场盛大的节日，让粉丝享受贵宾礼遇，对于企业而言是一种非常不错的情感投资方式。这可以在很大程度上强化

自身和粉丝之间的连接，让粉丝对企业更加信任和忠诚。

节日对于年轻人而言总是有着巨大的吸引力，而年轻人则是绝大部分企业想要吸引的粉丝主体。他们对潮流元素非常敏感，舍得在自己感兴趣的方面投入大量的金钱，乐于传播企业的产品信息。所以，如果企业针对年轻人举办粉丝节，就会获得他们的关注，激发他们的参与感，搭建起让他们了解、亲近企业品牌的桥梁。

创建于 1984 年的联想是世界 500 强公司，堪称中国第一代科技品牌。在很长一段时间里，联想引领着中国电脑市场的发展潮流。然而，随着移动互联网的兴起，全球个人电脑市场逐步萎缩，以智能手机为代表的智能设备迅猛发展，国内新兴互联网品牌顺势崛起。很多人可能认为，联想作为老牌科技公司，不再符合年轻人的口味了。其实不只是联想，任何一家有着几十年历史的企业都有可能遭遇品牌老化和转型的问题。

为了提高自身品牌在年轻人群中的认知度，让更多的年轻人了解和喜欢联想，联想高层管理者将每年的 8 月 8 日确定为联想粉丝节。在这一天，联想会在多个城市举办活动，通过线上促销加线下活动的方式带给粉丝诸多惊喜。这些特色品牌活动包括 10 公里摇滚乐疯跑、嗨翻音乐趴、直播放肆告白等。通过这些个性十足的活动与年轻的用户和粉丝进行互动，联想展现了旗下多款产品充满创新和年轻化的一面，拉近了与他们的距离。

企业要想利用粉丝节吸引更多的用户，培养自身产品和品牌的铁杆粉丝，就必须善于投其所好，推出远远超出粉丝期望值的节目。如果粉丝节能够帮助粉丝实现交友、追星或者享受购物盛典等个人愿望，粉丝就会对粉丝节满怀期待，最终就会对企业的产品和品牌产生强烈的喜爱之情，成为积极购买和宣传企业产品的铁杆粉丝。

联想从第一届粉丝节开始便积极尝试运用多样化的手段与更多年轻的粉丝进行互动。例如，使用年轻人追捧的直播平台对 Tech World 创新大会进行全程直播，邀请人气偶像鹿晗作为联想小新笔记本的代言人，或者发布拯救者系列电脑以致敬全球魔兽粉丝。这些创举都表明了联想追求年轻化和时尚化的坚定决心。

2016 年联想粉丝节抓住年轻人的追星心理，邀请了摇滚歌手许巍作为核心嘉宾压轴演唱，满足了年轻粉丝喜爱娱乐文化的需求。同时，联想集团高层管理者亲自上阵，和数千名粉丝一起享受跑步的乐趣和年轻化的音乐律动。

4.5.2 为粉丝拍广告

一提起拍摄广告，很多企业首先想到的就是怎样才能将产品和服务的特点明确地传递给粉丝，在粉丝心目中留下更深刻的印象。但是，在粉丝经济快速发展的今天，粉丝变得越来越重要，甚至可能对市场起到主导作用。在这样的背景下，企业将广告的主角由原本的产品、服务变成粉丝，为粉丝拍摄广告，便会彰显自身对粉丝的敬意，快速获得粉丝的信任和认同，还会获得粉丝的忠诚和回报。

华为在设计和营销荣耀系列手机时，专门为“花粉”（华为的粉丝）拍摄了一则宣传广告。在这则广告中，华为希望粉丝能够“勇敢做自己”，用这种正能量精神全面武装自己，变得越来越好，越来越成功。在这则名为“勇敢做自己”的广告短片中，华为特别突出了本色、友谊、奋斗、勇气等正能量原色，鼓励广大“花粉”在生活和工作中要勇于坚持自己的梦想，挖掘自身的巨大潜力，勇敢地迈出第一步。这则广告短片以阳光温暖的风格和奋发向上的精神深深地打动了粉丝，俘获了无数年轻人的心，让他们对华为品牌更有好感，因而极大地提升了华为手机的市场占有率。

4.5.3 办一次剧场式发布会

对于企业来说，产品发布会无疑是营销过程中的重头戏。特别是新产品诞生后，在产品发布会上面对众多媒体镜头揭开神秘面纱的那一刻，某种程度上决定了新产品的曝光度和知名度，对树立产品口碑有着巨大的推动作用。

成功的企业善于利用产品发布会制造话题。在发布会上，新产品是绝对的主角和明星，产品有“料”才会成为关注的焦点，才能最大限度地得到传播。

发布会必须要有热点。怎样在发布会中制造话题，这的确是一门大学问。在新的消费时代，企业在召开新品发布会时必须抓住和制造热点。发布会必须是经过深思熟虑的，有一个主要的热点话题，足够吸引媒体记者和社会大众的关注，引发他们的讨论。

小米 Note 顶配版发布会召开时，小米科技 CEO 一上台便抛出了世界智能硬件界大师沃尔特·莫斯伯格（Walt Mossberg）的评价。莫博士（国内人士对莫斯伯格的称呼）说：“小米 Note 简直美呆了，达到了我对苹果产品期待的程度。”莫博士的这个评价瞬间成为小米 Note 手机发布会的热点，因为这个评价将小米 Note 手机放在苹果手机的高度进行比较，从侧面突显了小米手机产品的强大。

对于企业而言，发布会最主要的目的就是将新产品推到消费者和媒体面前。也就是说，在发布会上新产品是最重要的，是唯一的明星。企业应该尽量引导话题围绕新产品展开，而不是抛开产品搞“副业”。有些企业在产品发布会上会加入一些与产品无关的热点，如请某明星登场助兴，或者请身材高挑的模特走秀，或者搞一些抽奖活动。这些行为其实都是错误的，会不同程度地削弱消费者和媒体对产品本身的关注。

在小米 Note 顶配版发布会的召开过程中，雷军的发言就紧紧围绕着新产品本身。雷军第一次向观众介绍小米 Note 顶配版手机时，指着演示文稿中的新产品图片问大家“漂亮吗”。观众的响应不是很热烈，雷军便许诺说：“说‘漂亮’的人都将会拿到一部小米 Note 顶配版。”于是，观众的积极性一下子就提了起来，全场高呼“漂亮”。果然，不久之后工作人员便给每位在座人员送上了一部手机。更令人想不到的是，每部手机上还刻有相应的在座人员的名字。就这样，发布会紧紧围绕新产品，被雷军做成了新产品性能的“体验会”，让每一位到场的人员真真切切地体验到了新产品的靓丽外形和强大功能。

发布会还需要让参会者产生沉浸感，也就是让他们深入地沉浸在发布会的氛围中，能够真心体验到产品的各种特点和性能。如果企业想举办一场带给参会者强烈沉浸感的发布会，就需要特别注意一些事项。

首先，发布会现场布置应该越简洁越好。这类发布会的舞台不要太花哨，特别是对于科技企业而言，发布会的舞台只需要一块荧幕或者一块 LED 屏就足够了。而场外则可以设计得比较活泼，办一些简单的互动活动。这样可以给参会的媒体记者、用户代表等带来愉悦的心情，为发布会营造一种喜庆的气氛。

其次，现场的座椅布置应该体现出一视同仁，体现出企业对参会者的尊敬，毕竟大家都是来了解新产品具体功能的。

最后，发布会的举办时间最好不要超过 90 分钟，不然参会者就会觉得疲惫乏味。

总之，企业不应让参会者觉得不舒服，缺少沉浸感。

4.5.4 用活动提升粉丝的忠诚度

对于企业而言，培养铁杆粉丝不可能一蹴而就。这是一个慢慢积累的过程，就像喜鹊为了搭巢必须日复一日地衔回枝条，最终才会有一个温暖的家。而各种各样的活动无疑是企业展示形象、提升人气的常用营销技巧，如果将活动做好了，企业在粉丝心目中的形象自然会越来越高大，积累下来的良好口碑也会越来越坚不可摧。

通过活动与粉丝互动，企业可以让粉丝变成信息的载体以及潜在消费者的游说者，从而获得更多粉丝的关注，培养出自己的铁杆粉丝。那么，企业在做活动时需要注意哪些问题呢？

首先，活动必须具有可参与性。企业在举办各种活动前，必须要确保所策划的活动具有可参与性，能够调动人们的积极性，这样才能聚集人气。

世界著名的餐饮巨头麦当劳在每年 6 月 1 日都会推出带有很多款玩具的儿童套餐，而且给每一件玩具赋予特有的性格、喜好等个性化元素，使每一件玩具都与众不同。这项活动具有很高的可参与性，很多小朋友都乐于获得这种优惠套餐，并且会为了集齐一个系列的玩具而再次光顾麦当劳。

其次，活动要具有趣味性。如果粉丝在活动中体验不到乐趣，那么其继续参与的积极性就会降低。所以，企业在设计活动时既要想方设法为消费者带来实惠，又必须要考虑趣味性，用营造出来的乐趣吸引消费者积极参与。

为了聚集人气，提升在消费群体中的认知度和口碑，某奶油品牌举办了一次奶油烹饪活动，专门向参与活动的消费者传授各种奶油烹饪技巧，让他们一起分享制作出来的食物。而且，每个人在活动结束后还被赠送一本菜谱作为礼物，这本菜谱收录了 40 多种需要奶油进行烹饪的菜式。这样一来，整个活动从始至终都充满了趣味性，极大地带动了消费者的参与性，不仅提升了人气，也积累了口碑。

最后，活动必须简单，容易操作。企业在设计活动时必须要保证活动的简单性，让消费者能够非常轻松地理解活动的具体过程。如果企业设计的活动太过复杂，就会为消费者设置障碍，降低消费者的参与热情，从而降低活动的人气，那么最终的营销目的也就不可能完美实现。

第5章 像管理公司一样管理粉丝

很多企业虽然拥有数量众多的粉丝，但因为缺乏相应的管理能力而白白浪费了粉丝资源。企业必须明白的一点是，粉丝数量与其利用价值之间并不能简单地画上等号，只有管理和引导好粉丝，才有可能发挥粉丝价值，获得粉丝红利。

5.1 建立社群，分组管理粉丝

建立社群是企业高效管理粉丝、引导粉丝价值取向的一种不错的方法。在社群中，企业可以通过发布不同的话题激发粉丝的参与感，引导粉丝的思维方式和消费选择，还可以通过相应的社群管理权限对粉丝进行更加精细化的管理。

5.1.1 先做定位，再做社群

企业要想做好自己的社群，就必须先做好定位，给社群的发展指明清晰的方向，制定最可行的路线。这样的社群在发展过程中才会步伐坚定，真正走到目标人群中去，成为他们生活和工作中不可或缺的一部分。那么，对建立社群的企业而言，应该从哪些具体方面定位自己的社群呢？

在建立社群之前，企业必须要定位好自身服务的人群。这样一来，企业在之后制作产品和提供服务时才会有针对性，更好地满足目标人群的喜好。很多企业在建立社群时往往会忽视这一点，觉得将社群做大即可，不需要定位什么服务人群。有这种想法的企业做出来的社群往往内容泛而不精，无法让粉丝产生兴趣和认同。这样何谈吸引和管理粉丝呢？所以，企业在构建社群之前首先要做好目标人群的定位，做到有的放矢，这样的社群才具备更强大的生命力和发展潜力。

“关爱八卦成长协会”在建立之初就明确地定位了服务人群——关心和喜欢明星的粉丝们。基于这样的定位，“关爱八卦成长协会”只推出与明星有关的内容，对明星的生活和工作进行了充分的挖掘，将大量的明星新闻呈现在粉丝眼前。“关爱八卦成长协会”定位精确，找到了自己的粉丝群体，逐渐发展成为一个娱乐品牌。

一个社群要想发展壮大，就必须要有过硬的产品品质以及令人尖叫的产品体验。社群所提供的产品和服务必须满足粉丝的高频需求，这是社群发展壮大的基础。所以，企业在建立社群之初，必须在产品和服务上做好定位，找准用户需求。如果企业没有做好这一点，就不要幻想在之后的日子里能够引领社群经济发展的潮流了。

“吴晓波频道”在建立之初就将自身产品定位于“财经精品”，力求将最精致的财经内容推送到粉丝眼前，为粉丝呈现出最真实的财经地图，帮助粉丝更理智地认识当前的经济发展大趋势，从而更好地增加自身财富。在精准定位的基础上，“吴晓波频道”从建立之初就以高品质的产品和服务赢得了众多粉丝的关注，逐渐发展为拥有百万粉丝基数的重量级社群。

5.1.2 细分市场，细分社群

社群能不能迅速地发展壮大，和市场有着千丝万缕的联系。如果一个社群能够切合市场需求，就会获得粉丝的青睐，拥有超高的人气；如果一个社群与市场需求脱节，就会被粉丝所忽略，最终轰然倒塌。所以，企业应该研究市场和用户，找到自身的市场定位，才能俘获特定的目标人群，成为市场上的大赢家。

社群的大小主要体现在投资规模、管理人员数量、产品研发人员规模等方面，企业在这些方面的实力越大，意味着社群能够为粉丝提供的资源越多，产生巨大影响力的可能性也越大。但这仅仅是一种可能性，如果企业没有将这些资源用对地方，或者社群的发展定位与目标人群的实际需求严重脱节，都有可能导致大社群产出小效益，甚至负面收益。

“立方读书”是一个推广读书习惯、普及书籍知识的平台，虽然它在架构上并不大，但是因为推送的知识内容很精彩，能够为粉丝提供纯净的读书空间，所以深得读书人群的喜爱，在他们当中拥有很高的人气。它推出的“大家”板块更是因其权威性而备受粉丝的关注，成为书友们津津乐道的话题。

互联网已经渗透到了方方面面，成为人们生活和工作中不可或缺的组成部分。互联网高速发展的一个必然趋势就是推动社会分工向更加细化的方向发展，使各行各业都衍生出新的专业岗位和工种，催生出一大批专业性的服务机构。社群也需要具备专业性，大而不专的社群对于大部分粉丝而言都是乏味而无用的，无法满足粉丝追求专业内容的需求。

“吴晓波频道”在创建时并没有盲目地求大，其创建者吴晓波立足于自身专长，坚持财经专业特色，在社群内发布独家内容，内容形式包括视频、文章和测试。凭借在财经类信息上的细化，“吴晓波频道”赢得了百万粉丝的关注，成为很多人了解财经信息、关注经济发展趋势的首选平台。

企业在构建社群时应注重“少而精”，着眼于目标人群，提升内容的专业程度，做好做精，用深度解读以及专业内容来吸引粉丝关注。社群需要专攻一点，避免大而不精。如此，社群才能在粉丝心中留下“有价值”“有思想”的印象，成为粉丝的好帮手，最终变为粉丝生活和工作中不可或缺的一部分。

“吴晓波频道”是社群“少而精”的典型代表。例如，其专栏中的每一篇文章都有作者对商业人物和现象的专业解读。这些文章视角独特，内容非常有深度，适合从事商业活动的人士阅读。正是因为这种专业性，“吴晓波频道”吸引了众多商务人士的关注，在众多社群中脱颖而出。

5.1.3 设置社群管理员

QQ 用户对 QQ 群并不陌生，几乎每一个用户都加入了几个甚至几十个各式各样的 QQ 群，诸如同学群、同事群、炒股群等。这些群都有管理员，负责控制谈话氛围和话题走向，管理群内的具体事务。其实不仅仅是 QQ 群才有管理员的存在，其他社群也同样需要管理员。这些管理员能够保证社群正常运行，并为其快速发展壮大注入活力。社群管理员需要做以下事情。

第一，化解成员间的矛盾，维系社群的和谐。

有句话说得好：有人的地方就有是非。一个社群聚集了大量的成员，他们在交流时难免会出现摩擦，这时就需要管理员及时出面，化解矛盾。所以，对于社群而言，管理员的存在是非常有必要的，有利于为广大粉丝创造一个和谐、愉悦的交流氛围，促使粉丝们更加积极主动地了解彼此，善待对方。

第二，引导社群话题走向。

社群管理员除了维护社群内的和谐关系，为粉丝们营造良好的交流秩序和氛围之外，还有一项非常重要的职责——引导社群话题走向。对于社群来说，成员谈论的话题通常五花八门，其中难免会出现一些不符合社群主流价值观念或者与社群无关的内容，有可能导致成员之间的争论甚至是敌对。这个时候就需要社群管理员出面进行相应的管理和引导，删掉负面的话题，发起正面的话题，最大限度地保证社群的和谐与活跃。

作为一个专门提升女性生活品味的社群，“妳的”管理员非常善于发起主流话题，将社群成员吸引到具体的内容中去，引导大家探讨和学习更好的生活理念和方式。例如，“妳的”管理员曾经专门发起一个学习《唐顿庄园》里英式礼仪的话题帖，向成员详细介绍英式礼仪，极大地带动了社群内的气氛。

第三，组织线下活动。

一个社群要想保持持久的生命力，最大限度地激发粉丝参与活动的积极性，就必须重视线下社交活动。因为相对于虚拟的线上互动，线下面对面的真实交流能够让社群更具魅力，更容易被粉丝信任。而这类线下活动的发起和组织则通常由社群管理员负责。

“妳的”管理员经常发起聚会活动，让粉丝得以进行面对面的交流，在真实、欢愉的社交活动中体验更加精致和高端的生活理念。正是因为这些线下活动的开展，“妳的”社群在广大女性中拥有了很高的人气。

5.2　密切联系网络“大 V”

大家在玩微博时会发现一个有趣的现象：知名人士在微博上发布的每

一条内容下都有数不胜数的评论，以及让人叹为观止的点赞数。其实这种现象不仅存在于微博中，也存在于微信、QQ 空间、社区论坛上。有些人总是人气爆棚，拥有足够的话语权和庞大的粉丝基数。企业在推广自己的社群时，如果能够得到网络“大 V”的信任背书，借助他们的力量管理粉丝，那么无疑能取得很好的效果。

具体而言，企业需要从哪些方面入手呢？

第一，做一个评论和点赞狂人。

企业要想借助网络“大 V”的力量管理粉丝，最好的一种方法就是多和这些“大 V”进行互动。企业需要积极地评论别人发布的网络内容，不时地为别人点赞，尤其要重视网络“大 V”的动态。当别人看到企业的评论时，他们自然也会关注企业，在企业发布的文章或网站帖子下留言。也就是说，企业做出的评论越多、越中肯，为别人点赞的次数越多，那么能换来的评论和点赞数也会越多。只要企业保持足够的耐心和网络“大 V”进行线上互动，那么获得对方评论和点赞的机会就会大增（见图 5-1）。

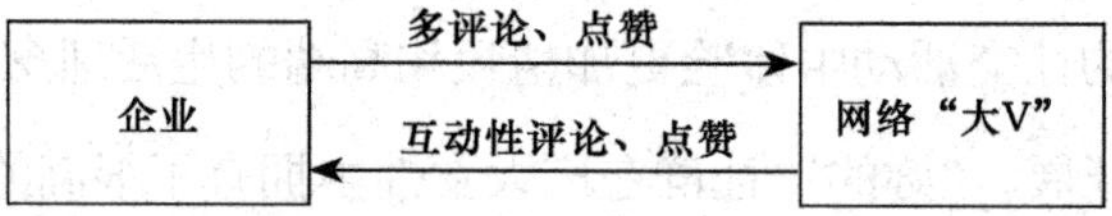

图 5-1　用评论和点赞吸引“大 V”关注

第二，和网络“大 V”建立合作关系。

除了多在网络上和“大 V”进行互动之外，企业还可以和这些“大 V”建立直接的合作关系，让他们主动帮助企业进行宣传和推广。例如，企业可以和“大 V”形成推广联盟：网络“大 V”可以免费使用企业产品和享受企业服务，而“大 V”则利用自己庞大的粉丝基数和话语权推广企业产品，帮助企业在粉丝群体中快速地树立起良好形象。这样一来，企业和网络“大 V”之间就形成了一种双赢互利关系。当然，企业也可以付费邀请网络“大 V”和名人代言，利用其影响力宣传自身品牌，提升企业的知名度。

5.3　用优惠活动激发粉丝对企业的爱

即使粉丝非常喜欢一种产品，也并非意味着他们愿意为其支付高昂的费用。人们都希望用最少的钱购买最好的产品，这是人们的消费痛点所在。如果企业能够很好地解决粉丝的这种痛点，让粉丝花最少的钱买到最好的产品，那么粉丝自然会更加关注企业，甚至会主动宣传企业的产品，为企业带来更好的口碑。

5.3.1　让粉丝花最少的钱买最好的产品

作为消费者，谁都想花最少的钱买到最好的产品。如果企业能够满足消费者的这个愿望，那么就抓住了他们最大的痛点，自然也会获得空前的关注和好评，吸引更多的消费者转化为企业和产品的粉丝。

那么，对于企业而言，怎样才能做到这一点，让消费者尽可能花最少的钱买到最好的产品呢?

第一，提升产品的性价比。

对于消费者而言，如果不同产品的配置、使用功能不相上下，那么价格更低的产品就更具吸引力，更值得购买。这就要求企业必须最大限度地提升自身产品的性价比，用“质优价廉”来吸引更多的消费者，获得更多的粉丝和更好的口碑。

小米公司之所以能够拥有数量庞大的粉丝以及良好的口碑，最主要的一点就在于小米产品的超高性价比。小米手机在和其同等价位手机品牌对比时往往有着绝对的性能优势，以其超高配置和超炫功能辗压对手。试想一下，对于这样具备超高性价比的产品而言，引发轰动效应是不是自然而然的事情呢？

第二，坚持利润适度原则。

很多企业总是过度地追求利润，总想着利润最大化，尽可能多地从消费者身上赚钱。于是，为了实现这个目标，这些企业总是将产品定为高价，觉得产品价格越高，赚的钱就越多。其实，这种做法有时无异于“杀鸡取卵”。价格是消费者最关注的因素之一，当企业产品的定价较高时，很多消费者就会将眼光转移到其他具有类似功能的产品上，企业必然会因为较高的产品定价而丧失大批的粉丝。所以，如果企业想要获得足够的粉丝，让自己保持更大的竞争力和更长久的生命力，那么就必须坚持利润适度原则，让自身产品的价格最大程度地贴近消费者，符合消费者的预期。

小米公司在产品定价方面一直坚持利润适度原则，其产品售价最大限度地贴近目标群体，让他们能够充分地享受到亲民价格所带来的实际利益。这样一来，小米的广大粉丝不仅有关注小米的兴趣，还有购买其产品的动力，小米品牌自然也就成为消费者津津乐道的焦点所在了。

5.3.2 超低折扣，圆粉丝之梦

对于企业而言，用折扣来吸引粉丝是永远不会过时的技巧。很多时候，一些粉丝虽然喜欢产品，但是因为产品价格超出他们的经济承受能力而只能远远地欣赏，不舍得购买。如果企业能够不时地推出价格超低、时效超快的产品，那么必定能够击中这部分粉丝的痛点，在圆他们梦想的同时收获更多的信任和更好的口碑。

对于企业而言，既然要打折，有时不妨加大折扣力度，用超低折扣价格带给粉丝极致震撼，以此来实现粉丝希望拥有产品的梦想。企业可以在某个时间节点，诸如节假日，拿出一定数量的产品，用超低折扣来吸引粉丝。对于粉丝而言，折扣处处可见，但是超低折扣却很少见，是一种稀缺资源。如果企业能够通过超低折扣深深打动粉丝，那么就能很好地走入粉丝内心，获得粉丝的真正关注和信赖。

小米公司非常善于利用超低折扣来回应粉丝痛点，吸引粉丝关注。小米会在某些特定节点推出超低折扣，最大限度地对粉丝进行返利，帮助部分粉丝圆梦。通过这种超低折扣，小米公司成功地引爆了粉丝群体，最大限度地提升了自身人气。

超低折扣固然有巨大的吸引力，但如果企业只举办一次就偃旗息鼓，那么其影响力就会随着时间的流逝渐渐地在粉丝心目中消退。如果想让粉丝时刻铭记，那么企业的超低折扣活动就必须长期化、定期化。这样企业才能紧紧地抓住粉丝痛点，让粉丝欣喜不已，在粉丝心目中留下深刻印象。

1 号店会针对粉丝渴望享受产品超低折扣的心理定期推出相应的优惠活动。例如，1 号店特别善于在某些节假日、店庆周年日推出超低折扣产品，用巨大的返利吸引粉丝关注，在粉丝群体中引发轰动效应，带动自身人气。

5.3.3 免费抽奖，天上可以掉馅饼

企业除了可以利用超低折扣来引爆粉丝以外，还可以用免费抽奖的方式吸引粉丝关注，提升自身人气。从心理学上看，人人都有一种“不劳而获”的心理，渴望天上能够掉下馅饼。如果企业多举办一些免费抽奖活动，那么就能最大限度地迎合粉丝的这种心理，引爆自身人气，带动相关产品的销售。

如何让免费抽奖达到最大的效果呢？企业在奖品设置上一定要讲究品质，要能让粉丝一见钟情。这样才能抓住粉丝痛点，使免费抽奖活动获得成功。如果企业设置的奖品品质一般，价值有限，那么对粉丝而言就无异于鸡肋，粉丝参与的积极性自然也就不会高涨。

有间海淘为了能够最大限度地抓住消费者的痛点，带动自身人气，经常会举办免费抽奖、一元抢名牌之类的活动。其设置的奖品经常是名牌皮包和化妆品，这类产品的价值普遍较高，是很多粉丝日常生活中轻易接触不到的，对于粉丝来说具有较大的吸引力。所以，此类活动只要推出，立刻便会在粉丝群体中引发关注和参与热潮。通过这样的措施，有间海淘极大地提升了自己的知名度，带动了相关产品的销售。

企业还可以用积分兑换好礼的形式展开免费抽奖活动。这种形式可以在一定程度上提高粉丝的消费热情，更牢固地抓住粉丝的心。毕竟，对于

粉丝而言，积分越多意味着能够获得的礼物越好，档次越高。

有间海淘就很善于利用积分增加自身吸引力，粉丝可以用积分在有间海淘享受折扣优惠，免费兑换好礼。只要粉丝达到一定的消费额度，或者勤于在有间海淘的网络平台上签到，就可以积攒足够的积分，获得自己心仪的礼品。

5.4　设置话题，激发粉丝参与感

一个好的话题能够让企业获得最大限度的关注，继而在人气上造成引爆效应。如果企业能够利用好各种话题，就能够引导粉丝的关注点和消费倾向，在管理粉丝的道路上走得更远。

5.4.1　除了制造产品，还需制造话题

对于企业而言，能够制造出好的产品固然能够吸引粉丝关注，但是在制造高品质产品的同时也需要不断地制造高品质话题，用话题来引导粉丝积极评价企业的产品和服务。

在管理粉丝的过程中，企业必须要有制造话题的意识，要善于在话题中阐释自身经营理念，宣传产品性能和个性特点，引发粉丝的参与热情，引导粉丝的思维方向。那么，企业在制造话题的时候应该注意哪些问题呢？

第一，良好的购物体验能够制造话题。

购物作为一种生活经历，经常被消费者当作谈资。如果产品质量有问

题，服务态度很差，那么消费者必然会感到愤怒和不满。这样就会产生负面话题，对企业造成极大的破坏力。企业需要为消费者提供优质的产品和周到的服务，带给他们良好的消费体验。另外，企业还需要在购物环境上下功夫，力争让消费变成一种休闲，带给消费者愉悦的购物体验。

第二，保持话题持续更新。

企业需要不断地创造、更新话题，保持新鲜感，这样才能最大限度地吸引消费者的注意，激发消费者参与话题的积极性。企业要明白话题的含义及其诞生条件，只有清楚哪些话题能达到预期宣传效果及其原因，才能有针对性地加以修正，让话题越来越有新意，越来越吸引消费者。

著名餐饮企业肯德基就是保持话题持续更新的行家，善于将新产品与前一代产品进行对比，让消费者意识到两代产品孰优孰劣，继而发起话题，引导话题的走向。肯德基的高明之处就是用新产品创造话题，然后用这些话题引导舆论，让消费者积极参与进来。这样每推出一种新产品时，肯德基就能制造一个新的话题，在消费群体中快速传播，为新产品带来不错的销售业绩。

第三，创造以用户为中心的品牌话题。

企业必须意识到，口碑营销要以用户为中心，抓住用户的需求。企业发起的话题必须根植于用户内心的评判标准，密切围绕用户固有的价值观和消费观，有的放矢地打造品牌核心价值和竞争力。这样才能最大限度地打动用户，获得用户的认可。

在美国纽约，梅瑞公司专门在其购物中心的大厅里设置了一个很大的咨询台，主要负责为来公司购物却无法购买到自己中意产品的消费者提供服务。只要消费者在梅瑞购物中心买不到自己想要的产品，咨询台的工作人员便会指引其到另一家有那种产品的商场去购物，继而赢得消费者的好感。很多人觉得梅瑞公司的这种做法是在“赶走”自己的顾客，但正是这种做法让梅瑞公司成为消费者议论的焦点话题，成功地提升了自己在消费者心中的形象。

5.4.2　话题有噱头才会引发关注

一个话题能不能吸引粉丝关注，引导粉丝的思维方向，最关键的一点还是在于能不能造势。企业制造的话题有噱头，能够造势和营造超强磁吸力，才能在吸引粉丝的基础上引导粉丝，使粉丝的关注点随着企业的意愿而转移，最终使企业达到最初设定的营销目的，带动相关产品的销售。企业可以选择一些炒作性的话题，诸如香车美女、金榜题名、外星人、免费赠送等，以此引爆粉丝。

人们特别关注一个话题，最主要的一个原因是这个话题涉及他们的利益。企业可以在制造话题时利用这种心理，将话题内容和粉丝的实际利益捆绑在一起。

举世瞩目的 iPhone7 正式亮相之后，如何在第一时间拿到这款新品机就成了粉丝最关心的问题。苏宁易购抓住“果粉”的这种心理，推出了“如何最快拥有 iPhone7”的话题，引发了“果粉”的高度关注和积极参与。苏宁易购向“果粉”提供了难得的 iPhone7 预约特权，承诺上门服务、保修到家、以旧换新，让“果粉”心动不已。利用这个话题，苏宁易购成功地让自己成为了“果粉”的关注焦点，将“果粉”引向自己的平台购买 iPhone7。

在移动互联网时代，人们不断地经历着各种信息的轰炸，陈词滥调已经不能引起消费者的关注，甚至为大众所厌恶，失去了生存空间。消费者获取信息的渠道越来越多，他们对越来越多的话题也就产生了“免疫力”。

所以，企业需要不断地在话题上进行创新，只有制造出新颖的传播内容才能最大限度地吸引粉丝，提升自身引导粉丝的能力。也就是说，企业需要做第一个吃螃蟹的人，而不是跟着别人吃螃蟹的人。当年海尔 CEO 张瑞敏砸掉了 76 台质量不合格的冰箱，这件事曾经成为大众讨论的热点话题，为海尔品牌树立起了良好的口碑。随后很多厂家都仿效张瑞敏的做法，但效果却不尽如人意。由此可见，让人耳目一新的话题才能让口碑营销产生最积极的效果。

5.4.3 话题有热度才会引起人们的竞相参与

企业如果想让自身的话题产生最大的吸引力，就必须让这个话题保持热度。这个社会从来就不缺乏热点事件，缺乏的只是善于发掘热点的眼睛。如果企业能够将自身的话题向社会热点靠拢，那么就必定能够借助热点事件的高关注度而获得某种程度上的关注。

很多人总是习惯性地感叹生活乏味枯燥，其实不然。生活是精彩的，每时每刻都发生着事件。这些人之所以觉得生活乏味枯燥，根本的原因还是在于他们没有真正了解生活，不懂得怎样发现生活中的故事。那么，我们在生活中如何才能敏锐地发现有热度的故事呢？

一般而言，热点事件的影响力很大，所受到的关注度也会很高。如果我们在网上发现很多门户网站都在报道同一个事件，如“汶川地震”“科比退役”等，那么就意味着这个事件已经成为大众关注的热点事件。企业可以让自己创造的话题靠拢热点事件，利用热点事件提升粉丝参与的积极性。这样企业制造的话题才会搭上热点事件的“东风”，以小博大，广为传播。

江小白酒业就很善于将自身与热点事件结合在一起，借助其影响力来提升自身品牌的文化内涵和产品的知名度。在中秋节到来之际，江小白酒业便在微信公众号上推出了一篇名为《再忙也要回家》的软文，借助中国传统节日情真意切地阐释了“家”的含义。通过将自身品牌和中秋节完美地结合，满足了粉丝的情感需求，“江小白”品牌也因此在粉丝心中留下了深刻的印象。

第6章 内容为王

企业能否吸引粉丝关注，并且维持自身与粉丝之间的强关系，关键的一点在于企业能否打造优质内容。企业与粉丝进行沟通互动时，内容是不可或缺的载体。做好了内容，企业自然也就能够获得粉丝的喜爱和信任。

6.1 文案的基本要求

一篇好的文案必定准确规范、语言精炼，能够生动形象地向粉丝传递企业想要表达的意思，并且字句通顺流畅，上口易记。企业在策划文案时，要针对这些基本要求不断地修订完善，最终才会让粉丝乐于阅读。

6.1.1 准确规范，点明主题

企业要想写好产品文案，首先要遵循准确规范的要求，其次文案内容需要围绕一个鲜明的主题展开，要言之有物。如果文案遣词造句不准确，主题不突出，那么粉丝在阅读时就会比较困惑，不能在第一时间弄清楚文案想要表达的意思。

小米 10400 毫安时移动电源的产品文案就非常规范，主题异常鲜明。正因为如此，其文案才成为大家朗朗上口的“神作”，赢得了大批粉丝的称赞。在策划文案时，小米策划团队想要说明这款移动电源小身材、大容量的特点，也试图强调 1 万毫安能够让手机续航多久，甚至还想出了一些充满暧昧气息的描述文案，但是最终都被主管否定了。主管认为“小身材，大容量”“重新定义移动电源”之类的文案都太虚，让粉丝无法准确感知这款产品的优势，没有突出主题。

后来，小米策划人员干脆直接写出了这款移动电源的大小和价格，认为这是最准确规范的方式，而且主题异常鲜明。最后文案定下了一级卖点——10400 毫安时，69 元；二级卖点——LG/ 三星国际电芯，全铝合金外壳。“小米移动电源，10400 毫安时，69 元”，用词准确规范，鲜明地突出了主题，让粉丝在第一时间就了解了这款产品的真面目。因此，这个文案获得了巨大的成功。

6.1.2 通俗易懂，言简意赅

对于企业而言，一篇好的产品文案绝对不是依靠空话、大话堆砌出来的，而是将能够打动粉丝的话用最直接、最简单的方式说出来。文案内容需要编码，而阅读对象需要解码，这个过程中会出现干扰和损耗，所以最高效的文案内容必须通俗易懂、言简意赅。这样粉丝才更容易解码，内容保真度才能达到最高。文案要用最精炼的话说出最丰富、最完整的意思，这样才能让粉丝接受企业想要表达的观点。

“背包旅行摄影”微信公众号上的文案就以言简意赅吸引了众多旅游爱好者的关注。其文案创作原则就是用最少的文字表达最直白的语境，描画最美丽的风景。在这里，粉丝能够从短短的一段话中领略到祖国大好河山的壮美，体会到风景所特有的精神气质。例如，在一篇介绍新龙县美景的文章中，它如此描述道：“这里是一个隐世天堂，一个神眷恋的地方，拥有小说《消失的地平线》所描述‘香格里拉’的一切。去过的地方多了，你会发现看山都似山，看水都似水，草原都长一样，但当你来过新龙县，你会发现这里的景色，就是这么不一样。”短短两句话将新龙县与众不同的绝美风景淋漓尽致地展现在了粉丝眼前，令人不由自主地产生前往一探究竟的欲望。

言简意赅的文案需要直指靶心，将文案的主题在一开始就突显出来，从而制造出吸睛的效果，击中粉丝的需求痛点。也就是说，文案必须“准而狠”，开篇就要抓住粉丝眼球，做到言之有物、言而有价值。

“俏厨娘”微信公众号上的一篇名为《红枣这样吃，让你年轻十岁》的文章“准而狠”地抓住了爱美女性的关注痛点，因此收获了超高的点击量。这篇文章在标题中使用“年轻十岁”准确地击中了女性的爱美心理，在正文中则用“天然维生素丸”“食疗”“美颜”等词语精准地概括了红枣的美容和养生价值，对女性产生了巨大的磁吸效果。

6.1.3 生动形象，表明创意

文案只有活起来才能真正激发粉丝的阅读兴趣，获得预期的宣传效果。文案的语句必须生动形象，能够让粉丝立即在脑海中生成画面，明白产品的特色和创意所在。

某某酒的电视广告文案就非常生动形象，将创意展现得淋漓尽致。广告的画面是这样的：导游带着几位外国人游览名胜，大家都在专心致志地听导游解说，只有一位身穿绣龙背心、绸短裤、圆口黑布鞋、腰间挂一个酒葫芦的外国小伙子在队伍后面有点心不在焉。

文案的具体内容可以分为四个部分。

第一是北京颐和园。

导游："颐和园是著名的皇家园林……"

"香。"外国小伙子脱口而出。

导游诧异地望着他。

小伙子眼珠一转："我是说古色古香。"

第二是西安楼观台。

导游："西安楼观台是老子写书的地方……"

"醇。"小伙子又冒出一句。

导游奇怪地看他。

小伙子一挤眼："我是说气韵浓醇。"

第三是无锡太湖。

导游："太湖以风景秀美著称……"

"甜。"又是那个外国小伙儿。

导游又是惊异的目光。

小伙子做了个鬼脸："我是说甜山蜜水。"

第四是山海关长城。

导游："山海关是长城的尽头……"

"派。"这回小伙子一脸肃穆敬仰之色。

导游调侃："这回是什么'派'，巧克力派还是草莓派？"

小伙子想了想："派……就是派。"

导游大笑："你用词还是挺准确的。"

小伙子冲镜头神秘地拍拍腰间的酒葫芦："其实，我是说'某某酒'。"

这则广告文案给人活灵活现的感觉，导游和小伙子之间的对话生动形象、创意十足，非常直白地为粉丝揭示了“某某酒”的特色，让人看了之后立即产生想要品尝一下的欲望。由此可见，企业在策划文案时坚持“生动形象，表明创意”的原则是非常有必要的。

6.1.4　流畅优美，上口易记

很多人写的文案都不通顺，阅读起来给人的感觉像是走夜路，磕磕绊绊的，更别说吸引粉丝关注了。所以，文案策划者首先必须是文案的第一位阅读者，保证文案语句的流畅性。试想一下，一篇读起来到处都是“坑”的文案何谈吸引力呢？

另外，在文句通顺流畅的基础上，策划人员还要保证其具备一定的美感。枯燥乏味的文字即使读起来再通顺，对粉丝也毫无吸引力可言。所以，在文句处理上，企业的策划人员要尽力融入优美的元素，或押韵，或善用修辞，或具有充足的色彩感。这些文句带给粉丝一种美好的阅读体验，自然就会在粉丝心中留下深刻的印象。

“润谷食品”微信公众号在中秋节期间推出的文案就非常符合“流畅优美，上口易记”的要求。中秋节代表团圆，是家人团聚在一起的幸福时刻。《中秋节，一个圆圆的祝福》正是紧紧地抓住了一个“圆”字，运用流畅优美的语句烘托出了中秋佳节的团圆氛围，将团圆之情原汁原味地展现在了粉丝的面前。“八月十五月儿圆，中秋佳节人团圆。中秋节就讲究一个圆字：月圆、团圆、圆满。中国人自古也喜爱圆：说天地是天圆地方，说人美是珠圆玉润，说幸福是圆圆满满，取个名字也爱叫圆圆……”这样的语句给人一种浓郁的诗歌美感，令人心中充满对家人的祝福。

6.2 优质文案所具备的特点

一篇符合基本要求的文案只能算是合格，还远远达不到优质的标准。为了最大限度地提升产品的人气，获得最大的经济效益，企业必须制作出优质文案。一篇优质文案能够让企业的产品在粉丝心中留下深刻印象，甚至直接引爆粉丝的购买欲望。所以，对于企业而言，写作优质文案的能力也是一种生产力。

6.2.1 完美体现产品的特性和卖点

很多企业在策划产品文案时喜欢用“卓尔不凡”，觉得这个词听起来让人觉得产品很高端。其实，这种文案只是表面上让产品变得“高端”了，实际上却很难让粉丝认识到产品究竟在哪些方面很高端，而且会让他们觉得一头雾水。所以，一篇优质的产品文案必须要能够完美地体现产品的特性和卖点，而不是依靠笼统的、华丽的词句让粉丝猜谜语。

好的产品文案能够让粉丝看过之后就明白产品好在哪里，有哪些值得自己必须购买的亮点。所以，这就要求企业在策划文案时要抓住重点，直接亮出产品的特性。

小米手机 5 发布之后，公司需要策划广告文案。这款手机的核心特征和卖点就是性能翻倍，相对于前代手机更快。所以，小米文案策划人员倾向于突出这款手机的高性能特征。最初小米策划的文案有很多版本，包括

“卓尔不凡”“唯快不破”“性能怪兽”等，但是最终雷军选择了“快得有点狠”。雷军作出这样的选择，主要是觉得一个“快”字能够直白地表达出小米手机 5 的特征，让粉丝一眼就明白这部手机的优势所在。

6.2.2　适当运用流行词语吸睛

企业在策划文案时可以适当借用一些网络流行语，这样能够在很大程度上让粉丝产生亲近感。特别是在现代社会，移动互联网已经渗透到了个人生活和工作的方方面面，网络流行语已经成为现代社会文化的一部分。当企业在文案中出现粉丝耳熟能详的流行词语时，其吸引力必然成倍增加。

企业可以在产品文案的标题中植入流行词语，借此提升粉丝关注度。粉丝在阅读文章时，首先会看文章的标题。标题好，有吸引力，粉丝才会有继续阅读正文的动力。所以，对于企业而言，在文案标题中植入流行词语是一种非常简单有效的提升产品关注度的方法。

在里约奥运会女子 100 米仰泳半决赛中，中国选手傅园慧获得第三名，成功晋级决赛。赛后，傅园慧在接受中央电视台记者采访时，她夸张的动作和魔性的面部表情引发了观众的关注。很快，以傅园慧为原型的表情包在各种社交软件上开启了刷屏模式。傅园慧意外走红，同时也让“洪荒之力”成为家喻户晓的网络热词。

华为公司借势推出了一篇名为《华为手机总裁以“洪荒之力”激励创新成就梦想》的文章，在标题中植入了网络流行词“洪荒之力”，借助傅园慧所引发的“洪荒热潮”和明星效应成功地吸引了大批粉丝的关注，获得了很高的点击量。

6.2.3　构建美好愿景

对于企业而言，好的文案不是单纯地介绍产品，让粉丝满足于现状，而是构建一种美好的愿景，让粉丝对产品形成积极、正面的预期。粉丝希望通过使用企业的产品和服务提升生活品质，或者提升工作质量和效率。如果企业能够满足甚至超过粉丝的预期，就能对粉丝产生诱惑力，最大限度地调动粉丝的消费欲望。

很多人用手机拍照时都会有这样的经历，明明已经对上焦了，但是拍摄出来的照片却比较模糊。出现这种现象是因为对于没有光学防抖功能的手机而言，拍摄者手部轻微的抖动足以影响最终的成像质量。这种现象在光线较暗、快门较慢的情况下更容易发生。

小米手机 5 在拍照功能上带给了粉丝足够的惊喜，让粉丝在拍照时再也不用担心手抖而影响拍照效果了。小米手机 5 的产品文案就立足于这项创新功能，为粉丝构建了一个美好的愿景，详细介绍了小米手机 5 的拍照系统。这款手机搭载了索尼 IMX298 1600 万像素摄像头，并且支持四轴光学防抖功能，能够修正横向＋纵向＋前倾＋侧倾时的抖动，不仅能够拍摄出清晰的静态照片，而且还能抓拍到各种运动状态下的瞬间。对于喜爱拍照晒图的粉丝而言，这种美好的愿景太具诱惑力了。所以，小米的这篇文案获得了很高的点击数，有力地推动了小米手机 5 的销售。

6.2.4　以“新”博眼球，以“特”博关注

人人都有好奇心，都有对新奇事物一探究竟的欲望。针对这种心理，如果企业文案能够在内容主题上进行创新，或揭露产品的某些不为人知的

功能特色，或讲述粉丝所关注人物的奋斗历程、趣事、囧事，那么就可能引发粉丝的关注，甚至形成轰动效应。

“小米手机”微信公众号上一篇名为《2000 万人次观看！雷军竟然开了一场演唱会》的文章获得了超高的点击量，受到了粉丝的青睐。这篇文章之所以能够获得如此佳绩，关键就在于其采用了爆料的形式，为粉丝爆出了雷军第一场演唱会的细节，让粉丝更加全面、深入地了解雷军。这种爆料极大地刺激了粉丝们的好奇心，间接地提升了小米产品的知名度。

千篇一律的行文结构很容易让粉丝产生审美疲劳，而创新性的行文结构则能让粉丝眼前一亮，激发起他们仔细阅读的兴趣。微信公众号在拟定文章内容结构时，可以多想一些创新点，在行文上展示出个性，那么整篇文章也会相应地蒙上一层个性色彩。

“爱大厨”微信公众号善于彰显个性，在文章结构上不拘于传统模式，而是坚持在一定程度上进行创新。例如，其推送的《论厨子是走上人生巅峰的捷径》一文就将厨子和明星结合在了一起，采用一个明星一个段落的模式进行讲述，继而使整篇文章都表现得相当有个性。

6.3 有情感的内容才会赢得粉丝共鸣

很多企业为了能打响自身品牌知名度，在宣传时侧重突出产品和服务的差异化，但是最终的效果却往往不怎么样。其实对于企业而言，最简单也最有效的宣传方法就是为内容添加情感元素。有情感的营销内容总会让消费者产生强烈的共鸣，在怦然心动的瞬间对企业品牌产生深刻的印象。

6.3.1 从粉丝的情感痛点入手

成功的内容营销都是走心的。企业必须提前洞察粉丝的情感需求，在宣传内容中有针对性地融入情感，击中粉丝的情感痛点，以此引发粉丝的共鸣。

“逛特色小店，过文艺生活”是手机 App “小日子”的品牌宣言。“小日子”是一个 O2O 服务平台，专注于推荐城市特色生活方式。其创始人王晴的想法很简单，就是以情感为主，希望能够带给用户具有文艺情怀的城市生活服务。

王晴在塑造“小日子”的品牌理念之前深入调查过用户的情感需求。王晴发现，当前很多针对本地生活服务的 O2O 创业品牌大多围绕奢侈品、餐饮、娱乐展开。这种做法不但空泛，而且很难锁定某一类用户，更难塑造定位精准的品牌。王晴还发现，身边越来越多的消费者、朋友经常发出这样的感慨：“没有一个咖啡馆是我向往的文艺范儿”“那些餐厅都太俗套了”或者“这家酒吧真没有情调”等。

于是，王晴决定塑造一个有文艺情感、可以打动用户内心的本地生活服务品牌，然后 “小日子”就诞生了。

“小日子”App 集中了北京、上海、成都、杭州、南京等大城市的文艺生活服务，如有特色的咖啡馆、文艺酒吧、文艺餐厅、充满复古情调的花店等。因此，“小日子”成为文艺青年眼中最具文艺情怀的本地生活品牌，而王晴的微创业也取得了成功。

不得不说，“小日子”能够在众多本地生活 O2O 创业中脱颖而出，成功地融入人们的日常生活中，正是因为“小日子”定位精准，迎合了用户的情感需求。

6.3.2　抛出情感炸弹，打开粉丝心门

创业者洞察粉丝的情感需求之后，便可以有针对性地抛出一颗情感炸弹，用这颗情感炸弹直接炸开粉丝的心门，俘获粉丝。如果做到了这一点，企业自然不缺乏崇拜者，还可以通过情感纽带与粉丝建立起牢固的连接，在粉丝群体中营造一种强烈的归属感。

魅族是一个年轻时尚的手机品牌，虽然诞生时间比较晚，但已经在智能手机界拥有了大批粉丝，获得了年轻消费者的喜爱。很多人惊叹于魅族手机的快速崛起，但很少有人仔细探究魅族手机是如何在成百上千个智能手机品牌中崭头露角的，又是如何快速俘获成千上万粉丝的。

事实上，魅族手机的产品文案善于对消费者进行情感轰炸。每当通过前期调查掌握了消费者的情感需求之后，魅族手机宣传人员便会立即行动起来，制造具有煽动力的情感炸弹，以此为武器攻破消费者的情感防线。

2015 年 12 月，魅族科技为了提升魅族 MX5 手机的销量，联合京东开展了一系列营销活动。魅族科技发了这样一条微博：“只要你想，只要你迈出了第一步，就能去到想去的地方。MX5 陪伴你变成更好的自己。”借助富有感染力的营销文案，魅族成功地提升了 MX5 手机的销量。在这个情感营销活动中，魅族用年轻人对梦想的追求打开了他们的心理防线，用感性的文字引发了消费者的情感共鸣，获得了消费者的积极响应和参与。

可见，在这个系列营销活动中，魅族依靠情感博得了广大消费者的喝彩，拉近了与消费者的距离。事实上，任何一家企业都可以运用富含情感的内容来制造“炸弹”，炸开消费者的心理壁垒。

6.4 用故事传播内容

人人都爱听故事，当企业在内容中添加了故事元素后，就会吸引更多消费者。所以，企业需要将内容故事化，或将产品塑造成故事的主角，或讲述企业员工的励志故事。用故事传播内容，则内容更容易令人着迷。

6.4.1 产品是故事的重要角色

企业可以围绕主打产品创造相应的故事内容，将产品设计、生产、销售过程以叙事的方式呈现在粉丝眼前，或者介绍产品悠久的历史和创始人的传奇故事。企业在发展过程中必定有很多故事，它们或波澜起伏，或惊心动魄……如果企业能够在这些真实故事的基础上将话题加以丰富，就可以形成自己的品牌文化，使其带有一定的神秘色彩，对消费者产生强烈的吸引力。

意大利著名皮鞋品牌法雷诺自从进入中国市场后便吸引了国内众多名流，成为他们谈论的焦点话题。法雷诺能够引发这样的口碑效应，不仅是因为其皮鞋做工精良、款式新颖、用材考究以及能够展示成功人士的高贵自信，还因为其本身就是一个充满神秘色彩的故事。罗马帝国皇帝腓特烈一世曾经率队伍行走在阿尔卑斯山区，当时他们遭遇了恶劣的冰雪天气，很多士兵的脚被冻伤了。罗马骑士法雷诺想出了一个带有神秘色彩的方法，他让士兵将随身携带的皮革裹在脚上，最终战胜了严寒，使大军能够继续前进。这段带有传奇和神秘色彩的历史成为消费者的谈资，也让法雷诺品牌广为传播。

很多企业总是忽视自家产品，觉得它们没有什么神秘色彩。其实，任何一种产品都有自己独特的一面，如原材料、生产工序、功效作用等。只要企业善于从这些方面仔细审视产品，再加以丰富，就能制造出带有神秘色彩的话题，达到传播自身品牌的目的。

昆仑山矿泉水就别出心裁地在水源地上做文章，其水源地在海拔 6000 米的昆仑山，常年被冰雪覆盖，无污染。更重要的是，昆仑山在中国神话中是西王母的修炼之地，来自昆仑山的矿泉水自然也就带有一层神秘色彩，因而成为人们谈论的话题。

6.4.2　讲述企业创始人和员工的故事

企业在创建和壮大自身品牌的过程中离不开各种媒体宣传。在宣传文案中，企业除了可以在内容中注入情感元素以外，还可以加入企业创始人或者员工的故事，展现他们的风采，以此吸引更多粉丝。特别是当企业为宣传内容注入故事元素后，企业品牌就更富有传奇色彩，在“人人都喜欢听故事”的社会大背景下自然会成为万众瞩目的焦点。

一个品牌的诞生，一款产品的出现，肯定饱含了企业创始人和员工的无数心血。只要企业宣传人员能够善加总结，细致挖掘，便能给品牌创立和产品销售添加一些独特的故事，将品牌和创始人的人格魅力融合在一起，制造具有传播价值的话题。

华为创始人任正非的个人创业故事是人们津津乐道的话题。可以说，任正非真实的创业故事为华为品牌添加了一道励志色彩，成为众多消费者奋发图强的教科书。任正非下海创业时已经 43 岁，他看到了当时中国电信对程控交换机的渴求，同时也看到了整个市场被跨国公司把持的现状。当时国内使用的几乎所有通信设备都依赖进口，民族企业在其中很难有立足之地。为了改变这种状况，任正非决定自己做研发。

军人出身的任正非似乎天生就具有比一般人更加强烈的爱国热情和让祖国变得繁荣富强的决心。也正是出于这一点，1987 年任正非创立华为公司。最初华为公司只有 50 多人，生产车间、库房、厨房、卧室全都在一起，所有人都在里面吃住。在这样艰苦的环境中，任正非领导下的华为克服种种困难，一路高歌猛进，走到了今天，成为行业的传奇。

企业的故事不仅限于创建者，也包括企业合作伙伴和员工。例如，他们为了产品质量日夜坚守在生产线上，或者以匠人之心不断改善产品技术。企业只要好好挖掘这些故事，就能成功地将其融入产品和品牌中，吸引更多粉丝。

企业向粉丝娓娓讲述自己的故事，可以让粉丝体会企业的文化和价值，从而加速企业品牌的传播，为企业培养更多、更有价值的粉丝。

6.5 内容要有趣、有个性

世界上绝大多数人的生活都是平平淡淡、波澜不惊的，他们很容易被有趣、有个性的内容吸引。如果企业发布的内容能够引起消费者的兴趣，就有可能赢得他们的好感和认同。

6.5.1 用有趣的内容引发关注

有趣的文章内容总是能够吸引眼球，让人内心舒畅、回味无穷。也就是说，人们都喜欢读有趣的文章，如果微信公众号能够推送有趣的文案，那么定能吸引粉丝。活泼有趣的文字会潜移默化地影响读者的情绪，达到一种“润物细无声”的效果，让人读文章如饮茶，口齿留香，心情舒畅。如果粉丝非常喜欢这种有趣的文案，就会推荐周围的亲友关注微信公众号。

“上汽大众大众品牌”微信公众号上的文章大多比较活泼有趣，让人读着觉得非常愉悦。所以，很多车迷都关注了“上汽大众大众品牌”。

娱乐是大众文化的重要组成元素，人们生活和工作的快节奏使娱乐成为了一种稀缺资源。如果微信公众号推送的文章内容带有娱乐功能，让粉丝感觉很有趣，那么便会成为粉丝忙碌之余的“开心果”。

“钻石小鸟”微信公众号上的文章不仅有专业的产品推广文案，还有很多娱乐性的文章，吐槽社会热点，戏说名人故事。这些有趣的文章都能够带给粉丝一种愉悦的阅读体验，继而占领粉丝的碎片化时间，成为粉丝生活中不可或缺的一部分。

6.5.2 用个性化的内容吸引粉丝

现代社会已经进入一个彰显个性的阶段，有个性的人会获得更多崭露头角的机会，更快速地实现人生价值。其实，对于企业而言，这个道理同样也适用：当企业平台上的文章内容富有个性时就更容易吸引粉丝的关注，也就能更快速地扩大自身影响力，取得更好的营销效果。那么，企业需要从哪些方面入手来让自己推送的文案具有个性呢？

第一，聚焦小众。

对于企业平台而言，想在大众化内容中突围而出是很难的事情。如果聚焦于新奇、小众的事物则可能出奇制胜，让对大众化内容产生审美疲劳的粉丝眼前一亮，继而喜欢上企业微信公众号上的内容。

“汉堡王中国”微信公众号上的文章就经常聚焦小众、彰显个性，让粉丝首先觉得新奇，然后觉得喜欢，继而真正地读下去。例如，其推送的一篇名为《冬日早晨无痛起床法，末尾有绝招》的文章，内容就比较小众，主要讲解在冬季怎样起床才舒服。这篇有个性的文章获得了粉丝们的热捧和惊人的点击量。

第二，选择个性化的载体。

微信公众号上的文章虽然离不开文字，但是可以适当选择其他载体，用更具个性色彩的载体来表情达意。

“叫个鸭子”微信公众号就很善于为文章内容选择个性化的载体。例如，其很善于借用漫画的表达方式，让个性化的卡通鸭子为其代言。这样一来，不仅大大增强了文章的阅读体验，还很好地传达了品牌文化。

6.6 微信公众号内容应避免的几个“雷区”

企业在策划文案内容时，出于某种营销目的或者因为急功近利往往会踏入一些“雷区”。虽然花费了大量的时间和精力，但是无法达到预期的宣传效果，甚至引起粉丝的反感，这样就得不偿失。所以，在创作内容时，微信公众号应该尽量避免触碰“雷区”，最大限度地迎合粉丝的阅读习惯。

6.6.1 广告太多

广告是企业推广产品和服务的主要载体，但是消费者却非常讨厌广告。很多微信公众号没有意识到这一点，为了达到营销目的在文章中插入太多广告。赤裸裸的广告轰炸会打断粉丝的阅读连贯性，阻碍粉丝获得更好的阅读愉悦性。粉丝对这种做法只会产生反感，进而不屑一顾，甚至丧失关注微信公众号的热情。

虽然人们都讨厌广告，但是并不意味着企业在自媒体平台上向粉丝推送的文章不能包括广告内容。其实只要广告的呈现方式恰当，在粉丝的忍耐限度之内，那么粉丝还是可以接受广告的，甚至会喜欢上那些富有美感的广告图文。这就要求企业在策划文章内容时坚持适度原则，让广告的存在显得更加自然和谐。

企业在文章中插入广告的最高境界是让粉丝在不知不觉中受到影响。相对于赤裸裸的广告，这种隐形的广告更容易被粉丝接受，也更容易达到预设的宣传效果。所以，企业在策划文案内容时要善于创新，让广告在不知不觉中影响粉丝。

“江小白”微信公众号上的文章就很有创新性，充满各种奇思妙想和人生哲理，让粉丝感受不到广告的气息。“江小白”的聪明之处就是将营销广告巧妙地隐藏在这些奇思妙想和人生哲理之中，以此加深粉丝对产品的认识。例如，其平台上的一篇名为《万圣节：勇敢扮自己》的文章就巧妙地用“江小白”专用酒瓶的漫画形象代替自己，在粉丝中引发了一片赞誉之声。

6.6.2 篇幅太长

企业在策划文案时除了不能插入太多的广告以外，还需要注意不能陷入长篇大论的“雷区”。因为现代社会的人们更多地倾向于快速阅读，希望在有限的时间内了解更多的信息。如果企业的营销文章篇幅太长，粉丝就会在看了第一眼之后产生畏难情绪，继而放弃阅读。

在快速阅读时代，简短精炼的文章才能更加吸引人的眼球，提升人的阅读兴趣和阅读体验。所以，企业在创作文章内容时应该秉持简练精干的原则，保持篇幅上的灵活性，重视粉丝的阅读体验。

“爱大厨”上的文章都很简练精干，力求用最少的字数表达出最丰富的内容，最大限度地提升粉丝的阅读体验。例如，其推送的一篇名为《爱大厨手绘食谱之馒头全攻略》的文章，只用了一千字就将如何做好一锅馒头讲得明明白白，让粉丝读完还有一种意犹未尽之感。

6.6.3 原创太少

很多企业看到别处有好的文章便复制粘贴，其自媒体平台上的文章大多数都是舶来品。这样一来，企业微信公众号上的文章便缺少了自己的灵魂，对于粉丝而言也就缺少了最基本的吸引力，甚至会导致粉丝的流失，最终影响企业产品和服务的口碑形象。

从别处复制或者转载过来的文章无法突出企业自身的特色，还会让粉丝产生轻视的态度。企业必须坚持原创，原创的文章才有灵魂。企业应该结合自身产品和服务的特色尽量创造出优质的内容，这样才能最大限度地吸引粉丝关注。

文章还需要有情感，而情感是不能复制和转载的。如果想让文章有情感，企业就必须坚持原创，在字里行间融入自己的情感，融入产品和服务的精髓，这样才能更好地打动粉丝。所以，从情感角度看，原创是企业在打开粉丝心扉时必不可少的武器。

6.6.4　鸡汤太补

很多企业喜欢在文章里给粉丝熬心灵鸡汤，而且天天推送、月月不断。企业喜欢用这种鸡汤文章轰炸粉丝，主要原因是觉得这类文章有大补功效，最易引发粉丝的共鸣。其实，虽然鸡汤文章在最初能够为粉丝舒缓压力，但是时间久了，粉丝便会产生心理上的免疫力，甚至会产生反感情绪。

企业在策划文章内容时，特别是心灵鸡汤类的内容要坚持适度原则。过多的鸡汤类文章会让粉丝产生心理疲劳，对微信公众号渐渐失去新鲜感。

同时，企业在推送心灵鸡汤类的文章时需要坚持精而简的模式，力求直达粉丝内心痛点。这样的鸡汤类文章才会让粉丝乐意阅读，才会被粉丝视为补充心灵正能量的源泉。所以，鸡汤类文章要最大限度地保持精炼，紧抓消费者的痛点，真正走进粉丝的内心世界。

第7章 寻找消费痛点

企业要想持续强化自身和粉丝之间的连接，获取粉丝红利，就必须抓住粉丝的消费痛点，有针对性地生产相应的产品，解决粉丝面临的迫切需求。可以说，谁抓住了粉丝的消费痛点，谁就赢得了市场。

7.1 生产粉丝刚需产品

刚需产品是粉丝在生活和工作中不得不消费的产品，这类产品往往涉及粉丝最基本的需求，对粉丝而言是绝对不能缺少的。因此，如果企业能够针对粉丝的刚需设计和生产相关产品，那么就能很好地抓住粉丝。

7.1.1 刚需是产品的正确之道

很多企业在寻找粉丝消费痛点时往往会很迷茫，不知道究竟要从什么方向入手。对于企业而言，选择正确的产品和服务开发方向是很重要的。

一旦选择了错误的行业和市场，那么企业在以后不管付出多大的努力，最终的结果都有可能陷入“鸡肋”状态。所以，企业在开发和设计产品时，最明智的选择就是瞄准刚需，选择最肥沃的土地，这样在今后才会有足够的发展空间。

中国有句俗话叫“摸着石头过河”，意思是说只要沿着前人的足迹慢慢探索，最终就能取得胜利。但是，随着时代的不断发展，特别是在移动互联网高速发展的今天，如果企业还是遵循“摸着石头过河”的理念来开发和设计产品，虽然不至于犯什么大错，但是会丧失发现新的刚需领域的敏锐嗅觉，永远不会走到行业前列。

互联网时代，信息传播速度非常快，企业想让自身的产品能够在竞争激烈的市场中占有一席之地，那么就必须紧紧地抓住刚需这根“稻草”。在信息大潮中能够获胜的永远都是人们渴望消费的产品，没有多少需求的信息和事物总会被覆盖在信息大潮之下，永远引发不了消费者的追捧。

很多企业在设计产品时会臆造粉丝需求，认为自己已经抓住了刚需，产品一定会大卖。这些企业很多时候抓住的仅仅是伪刚需，看似能引起消费者的兴趣，其实根本无法满足消费者的真正需求。所以，企业在设计产品和服务时要避开伪需求陷阱，抓住真正的刚需。

例如，一家企业想针对大学校园恋爱开发一款应用产品，希望搭建一个恋爱平台，满足不善言谈的理工男的恋爱需求。这个项目看似满足了人们的刚需，毕竟人人都想谈恋爱，但实际上这是伪刚需，并不可靠。为什么呢？虽然谈恋爱是理工男的刚需，但是专门通过一个恋爱平台寻找自己的爱情却很不可靠。毕竟在当前微信、QQ 等社交软件大行其道的背景下，这样一个平台并非人们的首选。

7.1.2　不求最好，但求最被需要

企业在推出产品和服务时，最应该重视的一点就是要契合消费者的需求痛点。很多企业在开发产品时的最大失误就是没有准确找到消费者的需求痛点，导致所推出的产品和服务对于消费者而言成了一种类似“鸡肋”的存在。也就是说，新产品必须要针对消费者的需求痛点而设计，能够帮

助消费者幸福生活或者高效工作，或者能够适应消费者的个性化需求。这类产品可以不是最好的，但必定是消费者最需要的。

在一些刚需行业中往往会存在一些痛点性问题。例如，如何穿好、吃好、住好、顺畅出行都是消费者的痛点，有时候会让人为之抓狂。如果企业能够有针对性地解决这些问题，那么就能够成为消费者最需要的伙伴，真正融入消费者的刚需中。

艳丽自主创业，开办了一家餐饮公司。为了能够让自己推出的新产品抓住消费者的需求痛点，快速地获得消费者的认可，艳丽进行了调查。她发现很多人对小龙虾情有独钟，但是他们觉得小龙虾洗不干净，因此在点餐时特意避开小龙虾；另外，很多人在吃小龙虾时特别喜欢麻辣的味道，口味比较重。抓住了消费者在食用小龙虾时的两个消费痛点——干净和麻辣，艳丽便将精力集中在解决这两个问题上，后来在洞庭湖找到了一种非常干净的小龙虾。然后，艳丽推出了“麻辣小龙虾”宴席，在麻辣上做足了功夫。艳丽推出的“麻辣小龙虾”新品因为紧紧地抓住了消费者的痛点，立即获得大家的喜爱，她的生意也一下子火爆了很多。

很多企业针对消费者的刚需主推一种产品，认为只要将这种产品做好了，自然就会抓住消费者的心，赚到足够的利润。这种理念有一定的道理，将产品做到“专”和“精”，自然就不缺少发烧友的关注。但是很多时候，一种产品往往不能有效地刺激消费者的需求，激发他们的消费欲望。这个时候就需要丰富有效的产品组合形成合力，创造出更强烈的刚需。

一小团面、些许碎肉、一些葱花就能做出一个又酥又软的烧饼，香味扑鼻，让人食欲大开。但是，如果一家企业专门开店卖烧饼，不涉及其他产品，那么对于消费者来说，单纯去店里吃一个烧饼显然比较没有意思。单一的选择往往会降低人们的消费欲望，即使这种产品做得比较好。可见，任何一个品牌都不可能单纯凭借一种产品就一劳永逸。

7.2 性价比是最大的消费痛点

高性价比意味着人们可以花最少的钱买到最好的产品，这几乎是所有消费者内心中所渴望的事情。如果企业能够做到这一点，让自身产品具备高性价比光环，那么就真正抓住了人们的消费痛点，也就能真正走进人们的生活和工作中，成为人们购物的第一选择。

7.2.1 价格是粉丝的最大痛点

企业总是希望用最低的成本制造出最高价的产品，能够最大程度地获利。而消费者却希望用最低的价格购买到最好的产品。从这个角度来看，企业和消费者在产品价格上是对立的。企业的产品定价必须达到消费者的预期，如此才能紧紧地抓住消费者的痛点，快速地营造出口碑效应。

家乐福在经营活动中坚持敏感性商品超低价、非敏感性商品贡献价、自有品牌权变价、进口商品模糊价的销售策略（见图 7-1）。例如，对于可乐等敏感性商品，家乐福通常以特价出售，这样会带给消费者一种“物超所值”的购物感受，从而更乐于将家乐福作为自己的首选购物场所。也许有人会问，虽然家乐福这样的价格定位为自己赢得了口碑，但是利润从哪里来呢？其实真正让家乐福获利的是国外知名品牌、自有品牌以及高价非敏感性商品。

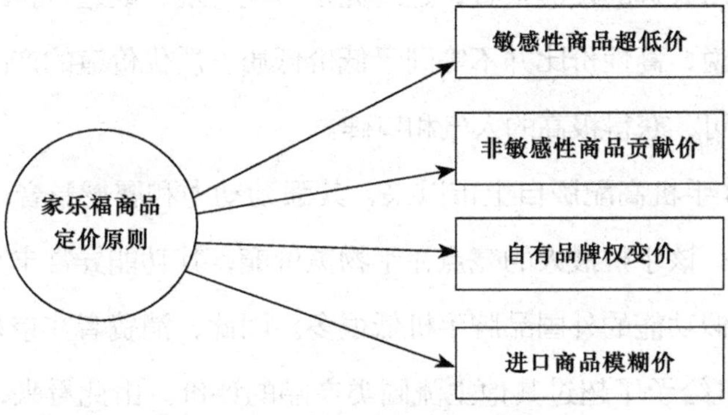

图 7-1　家乐福商品定价策略

消费者在购买产品时，首先要看的就是价格。性价比是消费者衡量产品的重要指标，一旦消费者能够确定功能相似的产品中哪一种产品的性价比最高，他们就倾向于购买那种产品。而且，他们还乐于将自己的发现宣传出去，建议大家都选购那种产品，无形之中就为高性价比的产品树立了口碑。

沃尔玛之所以能够成为全球零售业“口碑巨人”，与其始终坚持“天天低价，天天新鲜”的经营原则有关。走进沃尔玛，消费者不仅能享受良好的购物环境，还能选购高性价比的产品。“天天低价”为消费者带来实惠的同时，也为沃尔玛打上了“便宜”的烙印。

7.2.2　质优价廉才能让粉丝尖叫

高性价比意味着消费者用合适的价格能够购买到功能最好、最全面的产品。如果企业为了降低成本和售价而动歪脑筋，导致产品功能降低、质量下降，那么消费者就不会买账。这种行为就属于典型的“砸招牌”，自毁口碑只会让消费者避而远之。也许低价低质能够让企业的产品暂时占领市场，但是从长远的发展来看，这终究是昙花一现，缺乏可持续发展的基础。也就是说，高性价比并不等同于低价低质。质优价廉的产品才能获得消费者的认可，获得极高的人气和口碑。

华为 P8 手机高配版自上市以来，其强劲动力和震撼影音一直深受消费者的追捧。该手机最大的亮点在于物美价廉，其功能异常丰富，但售价却比拥有类似功能的外国品牌手机低很多。因此，消费者在京东网站上对华为 P8 手机给予了超过其他主流同类产品的评价。由此看来，与其他品牌的手机相比，华为 P8 手机高配版凭借超出消费者预期的强大功能和相对低廉的价格获得了大批粉丝的拥戴。

7.3 高频需求才有市场

一种产品有没有市场，关键取决于人们对这种产品的需求频次是高还是低。人们对这种产品需求频次高，意味着它是人们生活或工作中必不可缺的，其市场必然非常广阔；如果产品被需求的频次低，那么也就意味着该产品对于人们是可有可无的，其市场前景必然会暗淡很多。

7.3.1 需而不频无市场

很多企业设计出来的产品不管是从质量还是风格上看都是一件精品，甚至堪称艺术品，但是投放到市场上之后，其销售业绩却低迷不振。为什么会出现这样的状况呢？其实答案很简单，这些企业陷入了伪需求陷阱，总认为自己抓住了消费者的需求，但实际上却进入了一个“需而不频”的市场。如果消费者很少需要一款产品，那么即使这款产品做得很好，其发展前景也几乎为零。

所以，企业要想真正抓住消费者的痛点，就必须抓住消费频次高的真需求，避开频次低的伪需求陷阱。那么，企业怎样区分真需求和伪需求呢？

所谓真需求是指消费者的需求本身是客观存在的，企业并不需要投入大量的金钱和精力来培养用户习惯。这种需求对于企业而言具有真正的商业价值，能够为企业带来可观的经济收益。

这种需求驱使消费者频繁购买或使用相应的产品，真正地解决相应的问题。以打车需求为例，这对于人们而言就是一种真需求，是一种必不可少的高频需求。一旦企业抓住了这种需求，接下来就需要整合资源，打通环节，提升效率，有针对性地开发产品和提供服务即可盈利。

反之，如果一种需要并非客观存在或者很少出现，那么这种需求就可能属于伪需求。另一个判断需求真伪的标准就是企业烧钱为消费者提供福利后，这种需求量的增减情况。伪需求是企业通过优惠策略刺激消费者而产生的，一旦企业停止为消费者提供相应的福利，就会被消费者抛弃。

“从 A 点到 B 点，开车只花了 15 分钟，结果找停车位花了 30 分钟。”在北上广等大城市，这绝对不是一个笑话。停车难已经成了有车一族的难题，也是大城市病的重要表现之一。如果有一个类似于滴滴打车这样的软件能帮助车主在临出门前查好车位信息，进行网上预约，到地方后可以停车，而不用排队和担心没有位置，这样是不是会方便很多？这就是一个高频需求，能够满足这种需求的企业势必会获得有车一族的喜爱，成为他们生活中不可或缺的一部分。

7.3.2 高频需求蕴含巨大市场

企业针对消费者的刚需生产产品、提供服务，可以提升自身产品、服务被消费者接纳的概率。而针对消费者的高频次需求生产出来的产品和服务则能够让企业更进一步，获得快速成长的空间和动力。

企业在设计产品之前必须找到粉丝的高频需求点，因为针对粉丝的高频需求设计出来的产品会更有市场。企业可以通过先期市场调查或者大数据分析掌握消费者的高频需求，针对这种需求直接开发产品。

不管是美国的优步，还是中国的滴滴打车，这些企业都是真正抓住了人们的高频需求，解决了人们的出行问题，因此能做大做强。简单地说，出行是人们的刚需，一个人不可能整日待在家里，也不可能只停留在一个地点，但并不是人人都有车，因此人们必然就会时常打车。在繁忙、拥挤的大城市里，人们对出租车的需求频次无疑是非常高的。优步和滴滴打车正是抓住了人们的这种高频需求，构建了一个按需服务的超级 O2O 平台，整合了大量闲散的社会交通资源，通过互联网实现了供需双方去中介化以及实时、精准、高性价比的对接。

企业除了直接针对消费者的高频需求开发相关产品和服务之外，还可以通过细分传统的低频需求行业来制造高频需求。消费者的某些需求看似是低频的，但如果我们能够将其细分，那么就可以有针对性地契合消费者的高频需求，甚至制造出一个全新的高频需求领域。

家电维修行业到底是高频还是低频？有人说上门维修服务肯定属于低频行业，毕竟没有谁家的东西经常需要维修。但是，如果我们细分一下家电维修行业，将传统意义上的维修细分为安装、保养、清洁等领域时，就抓住了“70 后”和“80 后”的高频次需求。“70 后”和“80 后”是移动互联网的重度使用者，经济实力比较强，对生活质量的要求也很高，但他们不具备自己动手保养、修理和清洁家用电器的能力。更重要的是，这类人群的时间比较紧凑，精力有限，对于这些耗费时间和精力的家务事，他们很自然地会选择做一个“懒人”，将问题一股脑儿地交给专业人士解决。

正是看准了这一点，“修哪儿” O2O 服务平台应运而生，致力于让消费者遇到的所有维修问题都变得异常简单。“修哪儿”除了提供最基本的维修服务之外，还助推家电保养和清洁服务，从传统的低频行业中挖掘出了消费者的高频需求。其微信公众号自 2015 年 3 月开设之后，粉丝数量就迅速增长，在 2016 年初就已经突破了 30 万人。通过微信提交的订单中，日常保养服务占据了下单总量的七成以上。

此外，“修哪儿”实现了故障维修在线透明报价，半小时内提供上门快修服务，拥有严格的认证培训体系，保证服务质量。消费者通过“修哪儿”平台下单，维修师傅就近抢单。“修哪儿”提供实时定位服务，打造了维修 O2O 领域类似滴滴打车的创新服务模式。这种服务模式让“修那儿”真正抓住了消费者的痛点，与消费者的高频需求形成了共鸣，取得了很好的效果。

7.4　不断创新，快速更迭产品

粉丝都希望自己所关注和享受的产品或服务能够无限接近完美。针对粉丝的这种心理，企业必须快速地更迭产品，改进原有的产品，不断推出新品。如此，企业才能牢牢地抓住粉丝。

7.4.1 用微创新不断为粉丝带来惊喜

企业在制定产品战略时需要重视的是顺应大势，紧跟时代潮流，注重细节上的改进。很多时候，企业的细节创新只要能打动粉丝的心，带给粉丝惊喜，便能获得粉丝的肯定。那么，对于企业而言，具体应该如何顺应大势、改进细节呢？

第一，紧跟时代潮流，满足消费者的迫切需求。

在移动互联网时代，消费者的需求通常是多变的。因此，企业需要紧跟时代发展的步伐，在设计新产品或者完善原有产品时相应地融入当前社会发展潮流中的一些卖点，以满足消费者最迫切的需求。

常亮在进行了深入的市场调查后发现，随着生活水平的不断提升，人们对健康产品的需求越来越大，蜂蜜产业很有发展前景，于是决定将创业方向锁定在蜂蜜开发上。常亮和几位同学共同出资成立了一家蜂蜜生产企业。最初蜂蜜投放市场后，消费者的反应平平，销售额并没有达到预期。常亮通过消费者的反馈了解到，时下人们对蜂蜜的需求是很强烈的，但这种需求所指向的是原生态蜂蜜。随后，常亮便立即行动起来，和几位合伙人深入蜂农家中签订蜂蜜收购合同，迅速推出了“纯天然新品”，顺应了消费者“绿色”“养生”的急切需求。这种蜂蜜一经推出就迅速成为消费者购买的热点产品。

第二，将细节做到消费者心中。

新产品的“新”需要体现在细节上，用某一方面的极致体验来打动消费者，使其在消费的过程中对产品留下深刻的印象。例如，企业可以在产品外包装上做文章，也可以突显产品的某种功能，让新产品更加契合消费者的审美观念和使用习惯。

常亮在推出新产品时非常注重细节上的改进。他通过调查发现很多消费者喜欢喝蜜蜂水，但如何将蜂蜜从瓶子转移到杯子中却让很多人比较头痛。因为蜂蜜的量不好把握，而且瓶口还有蜂蜜残余粘连瓶盖，导致下次打开异常困难。于是，常亮针对这些问题推出了便于消费者倾倒蜂蜜的“小嘴”瓶盖。这种细节上的创新极大地方便了消费者，很多人都因为看中了这种独特的设计而立即购买了常亮的蜂蜜新产品。

7.4.2 快速试错，在最短的时间内完成产品迭代

鲁迅曾经说过：“既然像螃蟹这样的东西，人们都很爱吃，那么蜘蛛也一定有人吃过，只不过后来知道不好吃才不吃了。第一个吃螃蟹的人堪称勇士，因为他让我们知道了螃蟹是非常好吃的食物；第一个吃蜘蛛的人也是勇士，因为他让我们知道了蜘蛛并不好吃。”对于企业而言，不管在什么情况下，敢于尝试新事物都是一种极具价值的行为。哪怕只是试错，也会让企业了解到消费者的痛点所在，在最短的时间内完成产品迭代。

企业要敢于试错，在不断推出新产品的过程中总结产品的优缺点，利用“小步快跑”的模式逐渐走向完美。只有做到了这一点，创业才能渐进佳境，才会逐渐发展壮大。

齐晖的企业成长之路就是一个在最短时间内快速试错、完成产品迭代的过程。齐晖每隔一段时间就会引进一种水果新品，它们的“新”主要表现在新鲜度、品相和口感上，力求每隔一段时间就能让消费者体验一次味

蕾上的“新鲜盛宴”。为了做到这一点，齐晖走遍全国的水果产地，直接和果农签订供应合同，通过“采摘—上市”这条最短的供应链来提升新产品的迭代速度。如此一来，齐晖在同城水果销售企业中表现得特别突出，其“时时有新品，周周可尝鲜”的经营理念获得了消费者的认同，其产品成为消费者追捧的对象。

对于企业而言，试错本身就是一种创新。很多时候，企业通过不断的试错才能发现自身产品的缺点，才会收到消费者宝贵的信息反馈，继而在此基础上不断地进行改进，让产品渐渐趋于完美。所以，企业在经营过程中要敢于试错，善于总结，勤于推新，不要害怕犯错，而是要及时研究为什么错了以及如何才能避免继续错下去，从错误中汲取宝贵的经营财富。

齐晖在销售水果的过程中并非一帆风顺，有时候他推出的水果新品很少有人问津。对此，齐晖并不气馁，他觉得推出新品本身就是一种试错的过程，是一种创新的过程，有失败是必然的，从中总结失败的原因并找到消费者的需求痛点才是最主要的收获。有一次，他从国外引进了一种车厘子，口感非常好，他觉得这种水果肯定会畅销。但令他惊讶的是，这种水果新品推出之后的销量却很惨淡。为了解决这个问题，齐晖特别在店内设置了车厘子品尝区，征求消费者的看法，想找到车厘子滞销的原因。通过这项活动，齐晖终于找到了原因：消费者品尝之后都觉得车厘子口感非常好，很新鲜，但是由于价格相对较高，所以才会“敬而远之”。了解到这一点之后，齐晖意识到自己在产品跌代过程中犯了一个错误——太重视口感和新鲜度却忽视了性价比。在之后的创新中，齐晖就特别重视产品的性价比，既要尽可能地保证产品的新鲜，又要为消费者带来价格上的实惠。如此一来，齐晖的水果产品在不断的试错推新过程中成为了非常适合消费者的选择。

7.5　用特色体验征服粉丝的心

企业除了要做好产品以外，还需要在体验上做文章，用特色体验来吸引粉丝，加深粉丝对产品的认识。

7.5.1　体验活动需要让粉丝觉得有价值

粉丝的一切行为都有相应的价值和目的，企业举办的活动能带给粉丝的价值越大，粉丝参与的积极性就越高。所以，企业在组织产品体验活动时需要在价值延伸上做足文章，用高价值来吸引粉丝，提升粉丝对产品体验的满意度。

餐饮巨头麦当劳在每年的 6 月 1 日都会推出带有很多款玩具的儿童套餐体验活动，而且为每一件玩具赋予特有的性格、喜好等个性化因素，使每一件玩具都具备与众不同的价值。这项体验活动能让参与者感受到实在的价值，因此能提升他们的忠诚度。

7.5.2　做不一样的特色体验更能吸睛

市场上，企业举办的体验活动虽然很多，但是能够引发消费者关注并取得良好效果的却比较少。究其原因，无非是这些体验活动都千篇一律，缺少特色，对消费者自然也就没有什么吸引力。

企业要想将自己的产品体验活动办出特色，就需要在活动中采取措施，多角度地撬动粉丝的情感需求。人是情感动物，当产品体验活动融入情感之后就具备了别样的特色，就会感染粉丝，提升产品在粉丝心中的形象。

那么，企业如何才能在活动中多角度地撬动粉丝的情感呢？其实方法有很多种。例如，企业可以在体验活动中引入一些公益项目。从心理学上看，人们普遍存在“同情弱者”的心理倾向。如果企业能够在体验活动中引入对弱势群体的关注，就能引发强烈的社会共鸣，在关爱弱势群体的同时突显自身高大的社会形象。

企业可以在体验活动中设置抽奖环节，用接连不断的惊喜持续地释放粉丝的情绪，带动整个体验活动的欢快氛围。此外，企业还可以在活动现场增加一些文艺活动和特色饮食，诸如真人雕塑合影、老北京糖葫芦、咖啡和自助小食品等，这些都能够撬动粉丝的情感。

7.5.3 将体验过产品的消费者转变为传播媒体

企业积极地组织消费者进行产品体验，最主要的目的还是在于发掘更多的潜在消费者。销售学上有一个“250定律”，说的是每一位消费者背后都隐藏着250位潜在的消费者。如果企业能够将参加体验活动的消费者转变为传播媒体，借他们之口传播产品，那么就会让更多人成为产品的粉丝，并进一步占领市场。那么，企业如何才能让体验过产品的消费者主动进行宣传呢？

企业在组织产品体验活动时，要通过各种方式给第一次购买产品的消费者留下良好的印象。第一印象的重要性不言而喻，企业必须在产品的“初次体验”上下功夫。

某家水果销售企业很重视提升消费者的产品体验满意度。为了能够给消费者在第一次食用水果时留下好的印象，这家企业的老板王鑫走遍全国寻找优质水果产地，甚至从国外著名水果产地直接订货，在水果货源上从来都是精益求精。这样一来，其销售的水果十分新鲜，口感上乘。那些初次购买其水果产品的消费者迫不及待地将自己的体验分享给亲朋好友，这就极大地提升了王鑫的知名度，也帮助其水果产品快速地树立起了口碑。

企业还应提升产品功能附加值，带给粉丝意想不到的惊喜。这会极大地提升粉丝的体验和满意度，增加粉丝对产品的好感，甚至能够吸引一批发烧友级别的粉丝，而他们是企业以后开拓市场的宝贵资产。

7.6 做好售后服务，治愈粉丝售后恐惧症

很多企业在寻找产品痛点时往往会忽视售后服务，甚至会想当然地认为售后服务是可有可无的。这种想法忽视了粉丝对优质服务的渴求心理，很多时候粉丝对优质服务的渴求甚至超过了产品。售后服务是整个服务流程的一部分，企业需要做好售后服务，给粉丝留下不可磨灭的好印象。

7.6.1 好服务造就好口碑

企业服务做得好不好，特别是售后服务能不能做到粉丝的心坎中，能够直接影响企业形象，决定企业品牌在粉丝群体中的口碑。在现代社会，口碑对于企业而言至关重要。企业要想拥有好的口碑，就必须重视服务，特别是产品售后服务。

服务是企业品牌营销中不可或缺的一环。企业将面向消费者的服务做得好，消费者就会在第一时间获得信息支援和问题解决方案。这会提升消费者的产品使用满意度，继而提升企业在消费者心中的形象，为企业增加更多的粉丝，帮助企业树立起良好的口碑。

虽然服务可能无法直接给企业带来研发创意和利润，但是企业在售后服务上的投入却能直接拉近自身和粉丝之间的心理距离，让粉丝感受到企业服务承诺的严肃性，并且对企业形象的树立和良好口碑的形成起到巨大的推动作用。可以说，企业对服务部门的投入其实就是在给自己做营销推广，而且这种推广是直接面向广大消费者的，影响力非常大。

一提起海尔，人们在认同其过硬的产品质量时，还会称赞其售后服务的优质和快捷。海尔在售后服务领域开创了“服务营销”的先例，其售后服务不仅快速，而且全面。海尔的售后人员以精湛的技术、亲切的话语、贴心的服务征服了用户的心，为海尔树立起了良好的口碑，为海尔产品的营销做出了杰出的贡献。在移动互联网时代，海尔积极利用微信公众号，将售后服务“搬运”到用户眼前，提供无缝服务。

企业应将售后人员视为企业的宝贵财产。一些企业习惯轻视售后部门，觉得售后部门和研发、销售等部门比起来可有可无，以至于售后人员的资薪待遇比其他部门的员工差得太多。这导致售后人员有很大的意见，工作积极性不高，继而造成企业售后服务质量很差，严重影响企业在用户心中的形象。

一家企业要想在消费者群体中树立起良好的口碑，就必须将售后服务做好做精，让广大消费者满意。而售后服务水平的提升有赖于企业售后人员的激情。所以，企业需要提升对售后部门的重视和投入，为售后人员创造更好的工作环境，给予他们更高的薪资待遇。这样他们才会有归属感，全身心地投入自己的工作中。

企业必须将服务部门当成树立企业和产品口碑的战略性投入，将售后服务做好做精。企业管理层必须改变对服务部门的认知偏见，不能认为服务部门对于企业的发展是可有可无，不值得花费大量的人力和物力。服务关系到企业的形象和信誉，关系到产品的口碑。

7.6.2　让售后服务变成消费体验的一部分

企业如何才能在第一时间解决用户遇到的问题，提升用户的使用体验和满意度呢？这关系到企业的生意和口碑，是必须慎重对待的问题。对于这个问题，企业的答案只有一个，那就是用户在什么地方，售后服务就要覆盖到什么地方。只有这样做，企业才能保证随时为用户服务，解决用户在产品使用过程中遇到的问题。

对于企业而言，售后服务其实可以变成用户消费体验的一部分。一次良好的售后经历会让用户消除因为产品问题而产生的沮丧和愤怒情绪，对企业产生好感。企业必须让售后服务变成消费体验中非常舒心的一部分，增加用户对企业和产品的认同感。那么，企业如何才能将售后服务完美地融入用户的消费体验中呢？

第一，大力铺设产品售后网点。

2010 年，小米公司使用论坛的形式来做服务，在 MIUI 论坛上解答用户的问题。后来随着用户数量的增加，小米公司便在论坛上开设了专门的版块来接受用户的咨询，非常专业、高效地解决用户遇到的各种问题。2011 年小米手机发布后，小米公司迅速地建立起电话客服系统和在线客服系统，之后还在微博、微信、百度知道和百度贴吧上建立了服务运营平台。总之，哪里有用户，小米公司就将售后服务平台开设在哪里。这样一来，小米公司的售后服务就能够随时出现在用户身边。

第二，将售后服务门店做成“家”。

企业要想通过售后服务带给用户愉悦的消费体验，就必须建造好售后服务门店，营造一种家的感觉，让用户觉得亲切自然、无拘无束。用户感受到企业的真心实意，就会把企业当成可以信赖的家人。

小米公司自 2013 年开始对“小米之家”进行升级，关掉一些面积小的的门店，集中财力、物力和人力打造更具示范效应的“小米之家”旗舰店。第一家旗舰店以“营造家的感觉”为标准，为用户提供售后、体验、自提服务，成为用户交流使用心得的场所。“小米之家”虽然是售后服务门店，但其内部装修设计遵循非常高的标准，力求为用户提供优质的环境。“小米之家”是用户真正的“家”，用户在这里除了能够解决手机的故障之外，还能够体验和了解新产品，而且可以蹭网、看书、午休、举办生日聚会……

第三，将售后服务活动化。

一般情况下，当用户走进售后门店后，除了坐等手机被维修好之外就没有其他事情可做了。这样一来，用户对售后服务的体验就会比较平淡，可能会影响用户对整个企业和产品的评价。如果企业将售后服务活动化，就能帮助用户打发单调乏味的等待时间，增加他们对企业的好感。

小米公司就非常善于将售后服务活动化。在其举办的“小米服务点赞月”活动中，用户只要点赞就有机会获得小米盒子。该活动一经推出，立即得到了广大“米粉”的积极响应，获得数百万人的点赞。小米售后服务包括免费贴膜、整机清洁和体验、保外维修免手工费以及 1 小时快修服务等，小米公司借助这次点赞月活动将这些服务完整、迅速地传递给了广大用户。这样，小米手机的售后服务随着这次活动走进了众多“米粉”的心中，成为他们体验小米手机性能的难忘经历。

7.6.3 “快”是企业售后服务的核心要素

对于企业而言，要想做好售后服务，就必须掌握“快”字诀，在第一时间解决用户遇到的疑难问题。那么，企业怎样才能在售后服务中贯彻“快”字诀呢？

第一，快速建立售后部门。

良好贴心的售后服务与用户有着直接的利害关系，如果企业能够在第一时间建立起售后部门和网点，就能在第一时间给予用户良好的体验，从而树立起良好的口碑。

小米公司建设售后部门的速度就可以用一个“快”字来形容。2011 年，小米公司在短短 4 个月内完成了全国 7 个“小米之家”的选址、装修、招聘、培训等一系列工作，同时完成了 300 多个加盟售后网点的建设。到 2014 年 4 月，小米公司已经建成了 500 多个加盟服务网点和 18 个“小米之家”。快速建立起来的售后服务网点为广大“米粉”解除了后顾之忧，为小米赢得了粉丝的赞誉。

第二，自我施压，在售后服务上用“快”字鞭策自己。

建立起售后网点后，企业除了需要提供最基本的服务之外，还要敢于自我施压，在“快”字上创新。

小米公司在售后服务上进行了大胆创新，特别推出了业内领先的“1

小时快修敢赔”服务——1小时内修不好就赔偿用户20元，力求让用户感受到维修服务的“快”。如果维修过程超过了一个小时，用户可以领取小米公司的20元现金券，也可以现场通过扔骰子的游戏获得小礼物。小米公司通过这样的自我施压将自己独有的快速维修能力展示给了用户，在用户心中树立起了良好的形象。

第三，将“快”体现在各种平台上，上升为一种企业文化。

快速服务不应局限于一个平台或一个渠道，企业要想凭借售后服务赢得用户的好感和信任，就必须将“快”体现在企业的各种平台上，将其上升为一种企业文化。在任何一个渠道上，只要用户提出了问题，企业就要及时地给予反馈，并在最短时间内加以解决。各个部门绝不能以“售后不在我们的服务范围”为借口推卸责任，这样只能让用户感到失望，继而对企业失去信心。

小米公司做到了全年无休服务，只要用户的手机出了问题，不管何时都可以向小米公司的售后部门反馈。为了快速响应用户的售后请求，小米公司在小米社区、新浪微博、微信、QQ空间、百度知道和百度贴吧等平台都建立了服务平台。而且，小米公司还将这种“快”文化传播给了全国500多家正规售后服务商，确保在第一时间解决用户提出的问题。

7.6.4 从售后挖出粉丝痛点

售后服务对企业树立口碑有着巨大的助推作用。如果企业能够在售后挖掘粉丝的痛点，就能增强与粉丝的连接。那么，企业需要从售后的哪些方面入手挖掘粉丝的痛点呢？

第一，快速响应，站在用户角度看问题。

在产品售后方面，用户最大的一个痛点就是“等待”。用户需要等待售后人员的回复、维修等。在漫长的等待过程中，用户很可能会怒火中烧，极不耐烦。所以，企业要在售后服务中特别注意用户的这个痛点，力求让自己的售后体系快速响应用户的需求，从而获得用户的认可。另外，企业还需要站在用户立场上想问题，尽量满足用户的合理要求，避免产生纠纷。

第二，上门服务。

很多粉丝在寻求售后服务的过程中遇到的另一个痛点是“空间成本太高”。所谓空间成本，其实就是指用户从家到售后门店之间的距离成本。一般而言，如果售后门店离用户的居住地非常远，那么用户就会觉得去售后门店太麻烦。针对这个痛点，企业在售后服务上可以做出改进，例如，尽可能地提供上门服务。

海尔集团在售后服务中一直紧抓用户痛点，全力推行“消除最后一公里”“上门服务”的理念。用户购买海尔的产品后，海尔会第一时间将产品送到用户的家里安装到位，解决所有问题，确保用户满意。如果产品出现了问题，用户只要拨打电话，海尔的售后人员就会在第一时间上门服务，为用户解决遇到的问题。这种上门服务的售后模式赢得了用户的好感，也使海尔集团在用户心中树立了高大的形象。

第三，跟踪反馈。

粉丝对企业的情感表现在对产品的喜爱和对企业口碑的传播上，而企业也同样需要对粉丝表达真情实感。如果企业对粉丝不闻不问，特别是在产品出现问题之后没有进行跟踪调查，那么粉丝就会觉得自己先前的情感投入没有获得回报，换来的只是企业的冷漠回应。因此，粉丝就会减少甚至放弃对企业和品牌的关注。

所以，企业要尽可能地建立起服务跟踪体系，及时解决粉丝在产品使用过程中遇到的问题，之后还要对售后服务进行跟踪，调查粉丝的满意度。这样，企业才能维持与粉丝之间的强关系，让粉丝觉得自己被企业重视。

第8章 粉丝变现

企业通过积极推广和营销积累起足够的粉丝数量之后，就可以通过多种模式将粉丝数量转换为实际利润，收获实实在在的真金白银。具体而言，企业可以通过会员、广告、产品、众筹等模式进行粉丝变现。

8.1 会员模式：付费成为会员，享受更多服务

为了实现粉丝变现，将之前积累起来的数量庞大的粉丝转变为自己的“摇钱树”，企业可以采取一种非常简单、有效的方法，也就是将粉丝发展成付费会员。例如，企业可以建立社群，通过向粉丝提供某种产品和服务而收取相应的费用。只要产品和服务够好，就能激发粉丝付费，提升自身的会员级别。

8.1.1 营造免费和付费之间的鸿沟，吸引粉丝成为付费会员

很多企业为了最大限度地吸引粉丝，往往会采用免费试用产品或享受服务的策略。但是从增加企业收益的角度来看，在粉丝数量达到一定规模时，企业就需要发展相应的付费会员，以此获得收益。那么，企业怎样才能让粉丝成为付费会员呢？

第一，在免费和付费之间营造品质差。

一般而言，人们都有一种占便宜的心理，倾向于选择免费的产品或服务来满足生活和工作需要。针对粉丝的这种心理，企业可以通过在免费和

付费之间营造品质差的方法，以丰富多彩、品质优异的付费产品与相对单调、乏味的免费产品形成对比，激发粉丝享受更好产品或服务的欲望。

“吴晓波频道”微信公众号凭借丰富的免费内容和深刻的思想创新吸引了无数粉丝，粉丝在这个平台上可以阅读大量免费文章，了解最新的经济动态。但是，“吴晓波频道”的精华却主要包含在付费版块里。例如，“听见吴晓波”这个版块每天五分钟为会员构建创新性的商业思维，解读最前沿的宏观经济政策和走向，帮助会员在复杂多变的商业世界中找准方向、把握机遇。这种高端的内容产品与免费产品形成了强烈的品质差，吸引了大量有创业志向的粉丝付费订购。

第二，用专业产品和内容吸引专业人群付费。

具备专业性的产品或服务能够最大限度地吸引与其对应的专业人群的关注。如果企业提供的专业产品能够在思想上为粉丝答疑解惑，在应用上为粉丝创造具体利益，那么粉丝就乐意为之付款。

“吴晓波频道”凭借在财经领域的专业性吸引了大量粉丝购买他们的产品。我们每天都会被潮水般的财经新闻包围，被很多似是而非的商业观念困扰。什么是真实的？什么是理性的？什么是富有建设性的？“吴晓波频道”都会从一个商业现象或者财经观点出发，抽丝剥茧，每天向粉丝阐述一种鲜明的立场和观点。另外，吴晓波还会在音频中回答粉丝提出的问题，为粉丝提供具体的解决方案。

8.1.2 用会员特权刺激粉丝消费

企业可以用付费会员所能享受到的特权作为卖点，向粉丝展示会员比普通粉丝所能享受到的更丰厚的权益。这种权益越多、越特别，企业就越能激发粉丝付费的欲望，提升自身的粉丝变现能力。所以，企业在发展VIP 会员时需要展示其相对于免费用户所享有的特权，以此突出 VIP 的身份和地位。

“疯蜜”为了最大限度地吸引粉丝掏腰包，向付费会员提供了丰厚的权益：获得疯蜜黑卡会员编号及专属会员卡；成为疯蜜商城首席体验官，每年免费体验和评测超过 3000 个王牌产品；拥有黑马会会员编号，享受黑马会会员所有权益。这些特权对于想提升生活质量的粉丝来说具有非常大的吸引力。

企业在使用 VIP 模式时需要注意的是不能让所有会员都享受相同的特权，否则特权所代表的身份和地位就会丧失对粉丝的吸引力。因此，企业可以将付费会员分为几个级别，如普通付费会员、精英付费会员、钻石级付费会员等。每个级别的会员交纳的会费不一样，所享受的特权也会有所差异：级别越高，交费越多，享受的相应特权也就越多。这样一来，企业也就在会员内部引入了竞争机制，使低级别的会员有了升级成为高级别会员的强烈欲望。

8.2　广告模式：您付费，我宣传

拥有粉丝资源就意味着具备超强的话语权和巨大的媒体影响力，因此通过相应的平台投放广告就不失为一种简单、高效的盈利模式。如果企业的粉丝足够多，人气足够高，就可以吸引其他企业在其平台上投资做广告，完成粉丝变现。

8.2.1 直接投放

直接投放，顾名思义就是广告主直接在高人气平台上投放广告，而这个平台获得相应的广告收益。这种形式主要依托高人气自媒体平台，面向关注该平台的粉丝进行广告宣传和推广，最终达到帮助企业提升产品知名度、树立品牌正面形象和口碑的目的。

如果企业自身的平台有庞大的粉丝关注数，有高涨的人气，就能吸引广告主在该平台上投放广告。人气高才能引来金凤凰。广告主最看重的就是平台的影响力，企业自媒体平台的影响力越大，对广告主的吸引力就越强。也就是说，企业、商家或者个人先做好平台，最大限度地提升粉丝关注度，在庞大的粉丝数量支撑下才有可能获得广告主的青睐，吸引他们在平台上花钱投放广告。

“正和岛”微信公众号凭借超高的粉丝关注度和人气成为了很多企业投放广告时的选择对象。在“正和岛”上，各种经济信息类文章应有尽有，涉及经济生活的方方面面。更吸引人的是，这些文章都非常有深度，视角独特，能够帮助粉丝认识当前的经济发展形势，对从事商业活动的粉丝大有裨益。正是基于这一点，想在“正和岛”上投放广告的企业不在少数。

企业应选择与自身定位相符的品牌广告。很多高人气平台为了盈利，不管什么广告都接，认为广告的性质无足轻重，其实这种想法和做法都是错误的。从大众心理上看，几乎人人都讨厌广告，而选择一个与自身平台定位相符的品牌广告是避免粉丝产生厌烦情绪的有效方法之一。例如，一个走高端路线的平台在投放广告时就需要选择高端的广告品牌和内容，从而做到气质统一、相得益彰；一个走专业路线的平台最好选择和专业相关的广告资源。只有这样，粉丝才不会产生违和感，不至于对平台上的广告产生抵触情绪。

8.2.2 间接投放

拥有庞大粉丝关注数量的企业除了可以通过直接为广告主投放广告的方式获利以外，还可以通过间接投放的形式与广告主进行合作，帮助他们提升产品知名度，快速建立品牌知名度。其实这种间接投放广告的方式对平台最有利，能够很好地避免粉丝对广告产生厌恶情绪，以及避免平台过度透支粉丝资源。

那么，拥有粉丝资源的企业或个人平台如何间接地投放广告呢？

第一，用广告主的产品或服务做活动奖品。

如果企业或个人平台不方便直接投放广告，则可以在一些活动中与有意向的广告主进行合作，用他们的产品或服务作为平台活动的奖品。如此一来，企业不仅可以借助广告投入方的赞助成功举办活动，提升活动的吸引力，而且能够为广告主的相关产品或服务间接地打广告，获得相应的广告收益。

第二，在文章中插入广告信息。

在文章中插入广告信息相对于直接宣传产品或服务更具隐蔽性，更容易被粉丝接受。但是，企业或个人在自媒体平台的文章中插入广告时需要注意所插入的广告必须自然，要能够和文章融合在一起，让人读起来觉察不到任何生硬插入广告的痕迹。

“吴晓波频道”微信公众号就喜欢将广告信息隐藏于文章中。例如，其推送的《中国的中产阶级，需要一台什么样的车》这篇文章就利用图片以及在文中提及车型品牌等方式为某些汽车产品打出了名号，让粉丝在阅读时不知不觉地接受了广告。

第三，采用文尾推广的方式。

企业或个人还可以利用文尾推广的方式间接地投放广告，也就是在文章结尾处采用“链接”“阅读原文”等按钮形式引导粉丝点击进入广告主的网站主页，进而起到间接的广告引流作用。

“正和岛”微信公众号就善于运用文尾推广的方式开展间接广告业务。利用这种间接的广告模式，“正和岛”既保持了自身页面的美观，又成功地为企业提供了广告支持，帮助他们扩大了知名度，提升了品牌口碑。

8.2.3 软文推广

企业或个人的高人气自媒体平台除了可以直接和间接地为其他企业投放广告之外，还可以依靠软文推广获利。软文推广是相对于硬性广告而言的，其精妙之处就在于一个“软”字。这种广告方式就好像绵里藏针，收而不露，往往会让消费者在不知不觉中受到影响，成为企业品牌的认同者。

要想成功地进行软文推广，就必须精心策划，化广告为无形。软文推广所追求的是一种春风化雨、润物无声的传播效果，将传统的、惹人厌烦的广告转化为美丽的文字和图片，从而让粉丝成为软文的阅读者和接受者。

“正和岛”微信公众号利用自身强大的影响力承接企业品牌及产品的软文推广业务，其推出的软文事先都经过精心的策划，一点也没有硬性广告的痕迹。正是因为这种巧妙的软文推广，“正和岛”在保持版面整洁、简单的同时也获得了不菲的广告收益。

软文推广最有效的一种形式是结合案例，也就是将企业的广告与相应的行业主题结合，在具体的案例中进行不露声色的宣传。这样一来，企业的品牌和产品就会隐藏于案例中，成为阐释某个行业学习榜样的一部分，继而让大众对软文中提到的企业品牌及其产品印象深刻，产生想要了解更多的欲望。

企业或个人可以采用排名推荐的形式，借助第三方视角来组织软文。例如，“小厨娘”微信公众号推送过一篇关于 2015 年各行业最具影响力的微信公众号的文章，就以排名的方式间接地打了广告。这样可以给大众留下一种权威的印象，增加软文的可信度。虽然这种软文推广看起来比较直接，但是对大众产生的影响往往比较大，推广效果也更直接。

8.3　产品模式：将粉丝变成自家产品的忠实用户

当企业、商家或者个人拥有足够多的粉丝数量时，就可以依托粉丝资源开发和销售相应的产品，将粉丝转变为用户。在产品模式下，只要企业、商家、个人的粉丝足够多，产品足够好，适合用户的需求，就可以占领可观的销售市场。

8.3.1　做极致产品，让粉丝尖叫

企业要想将自身拥有的粉丝转变为产品用户，从粉丝身上获得相应利润，最主要的一种方式就是做好产品，让产品达到粉丝的最高要求，甚至超出粉丝的期望。这样，粉丝自然会踊跃购买企业的产品。

月月是一位“80 后”，育有一儿一女，她以自己真实的育儿经历和感

受为素材，用幽默而细腻的视觉艺术创作了一系列绘本漫画故事，和粉丝分享新时代草根妈妈艰辛而幸福的育儿历程。慢慢地，月月的名气越来越大，原本在大众眼中几乎没有什么份量的绘本漫画让月月成了网络上的大明星。

画画一直是月月的兴趣爱好。在怀第一胎时，月月便断断续续地在画纸上涂涂抹抹，记录自己的怀孕故事。月月将这些画上传到微博，没想到一下子引发了粉丝的关注，突然就红了起来。后来随着微博粉丝数的不断增加，开始有出版社登门约书。于是，月月便有了她的第一本个人绘本故事书。不过，那个时候月月还没有创办工作室全职做绘本漫画家的想法，真正促使她辞职投身漫画事业的是她怀上了第二胎。

离职后，月月创办了自己的漫画工作室，开始将大部分时间用于绘本漫画上，高频率地更新自己的微博，并且与出版社合作出书。后来，她又开设了自己的微信公众号，每天都坚持在上面发布自己的原创育儿漫画。这些漫画的主角大多是月月的两个孩子，充满童趣，引人共鸣，因此受到了很多妈妈粉丝的热捧。每次到了更新的时间，如果月月还没有更新内容，她的微信后台就会收到很多妈妈粉丝的问候和催更信息，她们都等着看新内容。在仅仅半年多的时间内，月月的微信公众号粉丝便增加到了20万。

现在，月月的收入不仅来自于漫画出版所获得的稿费，还有拥有庞大粉丝群体的微博、微信平台所带来的广告收入。月月笔下的漫画仿佛具有强大的魔力，让无数妈妈为之尖叫，让月月拥有了无数粉丝，也促使她定下了更远大的发展目标。月月不仅仅局限于绘本漫画，还希望能够开发婴幼儿周边产品，甚至创作动画片。

8.3.2 打造产品的唯一性

企业在做产品时需要尽可能地做到“人无我有，人有我优”，使自己的产品成为粉丝的唯一选择。要想开发出一款能够让粉丝心甘情愿掏腰包的产品，企业就不能将目标定在仅仅满足粉丝对产品使用功能的需求上，还要使其具备唯一性——它是不可替代的，是粉丝的最佳选择。如此，粉丝对企业才会保持长久的忠诚度。那么对于企业而言，如何才能做出一款不可替代的产品呢？

首先，用户模式大于一切工程模式。

要想做出让粉丝觉得不可替代的产品，企业在设计产品时就要开启用户模式，广泛地征求用户的意见，从用户的使用习惯和功能需求出发设计产品，而不是闭门造车，根据自己想象的工程模式创造出所谓的“潮流”“高科技”型产品。这样一来，企业所推出的产品才能够为用户量身定制，最适合用户的使用习惯和需求。

为了让用户深度地参与产品研发，小米特地为 MIUI 论坛设计了名叫“橙色星期五”的互联网开发模式。其核心是 MIUI 团队在论坛上与小米用户进行互动，探讨用户在使用产品过程中出现的问题，寻找用户的使用习惯和对产品功能的期待。这样的用户模式突显了小米产品为用户着想的理念，极大地提升了用户的满意度。

其次，打造产品唯一性的核心是为用户设计。

企业要想做好产品和服务，吸引粉丝购买，首先要回答“为谁设计”的问题。在这个问题上，很多企业都会有意无意地忽视用户的真实想法，倾向于从主观臆想出发，设计所谓的新产品。但最终投放市场后，企业却沮丧地发现，与自己产品具备相同功能属性的产品多如牛毛，想从激烈的竞争中脱颖而出绝非易事。所以，企业在推出产品前必须先问一问“究竟为谁设计这款产品”，并找到这个问题的答案。只有这样，企业最终制作出来的产品才会是用户最需要的。

如果没有想明白这个问题，那么企业就没有办法正确地定位产品，设计出来的产品也不会满足“好用”“好看”的标准，更不会具备唯一性。如此一来，企业所推出的产品与其他产品相比必定没有什么特色，不管是功能还是外形都缺乏竞争力。试想一下，既然这样的产品在市场上非常多，那么粉丝凭什么购买你的产品呢？

8.3.3 专业是将粉丝变成用户的终极保证

企业要想成功地将粉丝转变为自身产品和服务的用户，最主要的一点还是要具备专业精神。不管企业属于哪个行业，产品必须要专业化。随着社会经济的发展，人们对专业化产品的需求越来越大，对产品功能的要求也越来越高。这就要求企业在产品设计、生产、销售和服务环节中做到“专”“精”，以此最大限度地引发粉丝的喜爱之情，让他们完成由关注到消费的最终转变。

企业必须坚持专业化，做好一种产品，培育一种文化。这样一来，整个生产过程才更具创造性，所研发的产品必然也会更符合粉丝的期望。如果企业设定的目标太多，总想着大而全，只会将有限的资金和精力分散开来，导致样样都不精，无法获得粉丝的青睐，更不可能让粉丝心甘情愿地掏钱购买产品。

王青从事业单位辞职后选择蜂蜜作为创业产品，力求将传统农产品和高科技结合在一起，用绿色和原生态来武装产品，使其成为消费者的最爱。为了达到专业化的目标，王青将全部精力和资金都集中于蜂蜜产品的原料开发和技术创新上，特别是在原料来源上力求专业、绿色。每年春暖花开时，王青都会专门走进蜂农家，签订蜂蜜收购协议，确保所收购的蜂蜜满足“第一手”“纯绿色”的要求。这种专业性的原料采购确保了蜂蜜产品的质量，吸引了大批粉丝。更重要的是，很多粉丝对王青的专业精神大加赞赏，觉得王青做出来的蜂蜜才是自己所需要的，于是积极订购王青的产品。一时间，王青的蜂蜜成了粉丝们居家必备的食品。

企业自创建伊始就要将专业精神放在首位，要有为了专业性而不惜一切代价的“疯狂”，坚持到底。如此，企业才会创造出受粉丝关注和喜爱的产品，让粉丝情不自禁地购买。所以，企业必须始终如一地践行专业化思想，不惜一切代价保证产品最好、服务最优，从而确保能够抓住粉丝的消费痛点，激发粉丝的购买欲望。

不管企业对产品的定位如何，产品质量和功能都是基础。产品质量过硬、功能丰富，那么其对消费者的吸引力就很强烈。如果产品能够达到“极致专业化”，就等于上了一道保险，因为产品的高度专业化使其竞争力变得非常强劲，能很好地满足粉丝的期望和消费需求。如此一来，企业所生产的产品才能快速地引发关注，获得粉丝发自内心的喜爱，让粉丝争相下单订购。

小米系列产品包括手机、路由器等，自诞生伊始就坚持“为发烧而生”的专业化生产战略。小米本身就是由一群爱玩的发烧友群策群力创建的，几位创始人都是数码发烧友，在生产手机之前就下定决心，不管市场有多大都要坚持“专业化”这个原则，将产品做到让发烧友喜欢的级别。正是因为这种产品专业化的定位，小米在之后的产品设计、生产、销售等领域精益求精，使小米品牌获得了巨大的竞争力，吸引了数量庞大的电子产品爱好者，赢得了大家的一致肯定，继而凭借良好的口碑快速发展壮大起来。

8.4 众筹模式：将粉丝变为股东

企业除了可以通过吸收会员、做广告、卖产品进行粉丝变现之外，还可以依靠众筹模式从粉丝身上获得可观的收益，在庞大的粉丝数量和巨大的价值收益之间划上等号。特别是在移动互联网经济迅猛发展的当下，谁抓住了粉丝众筹模式的窍门，谁就能拥有更好的发展前景。

8.4.1 设定一个目标，发起众筹

对于拥有庞大粉丝数量的企业或者个人而言，要想依靠众筹模式盈利，首先就需要设定一个吸引人的目标，用好点子和好项目最大限度地吸引粉丝的目光，形成引爆效应，最终实现真正的价值变现。那么，企业或者个人如何才能推出好的众筹目标，继而最大限度地提升众筹成功的概率呢？

第一，借助互联网众筹平台。

随着移动互联网的快速发展，信息流通的速度空前加快，人与人在时间和空间上的距离大大缩短。这样一来，"一人呼，万人应"就成为了可能，特别是对于那些有着庞大粉丝资源的企业和个人而言，通过网络平台展示某个创意或者项目，就很有可能成功完成众筹目标。

阿里娱乐宝将众筹拍电影和众筹制作电视剧、真人秀节目做得风生水起，其推出的众多众筹项目包括娱乐汇、造梦坊等。而且，阿里娱乐宝还

借助娱乐明星的超高人气推广相关产品，成功地占领了移动互联网时代的众筹高地，获得了良好的效益。

第二，众筹目标必须有吸引力。

微信公众号要想依靠某个预设的项目获得粉丝的支持，让粉丝慷慨解囊，那么一个前提就是这个目标必须足够好，能够带给粉丝美好的盈利前景或者能够达到粉丝的预期。也就是说，微信公众号为了一个预定目标发起众筹模式，不管这个预定目标是一个产品还是一个创业点子，都必须有足够的吸引力，这样才能获得粉丝的青睐和支持，甚至引起资本巨头的关注。

阿里娱乐宝所推出的众筹项目对于很多粉丝而言都具有巨大的吸引力。例如，阿里娱乐宝想众筹拍摄电影，就会为粉丝提供首映电影票以及和明星面对面交流的机会，这样的福利对于粉丝而言无疑是非常有吸引力的。所以，阿里娱乐宝每期推出的众筹项目都会受到粉丝的追捧。

8.4.2　将每一位粉丝都变成“金主”

众筹模式下，每一位粉丝都有可能成为企业的“金主”，为其众筹项目“添砖加瓦”。也就是说，只要企业的项目足够好，平台人气高，口碑好，宣传文案有新意，便能从粉丝身上收获可观的经济回报。

企业要想顺利地完成变现，从粉丝群体中获得收益，就有必要选择一个好的平台。好的平台拥有畅通的信息发布渠道、方便快捷的支付方式，能够为企业、商家、个人提供完美的众筹环境。如此一来，企业、商家、个人在发起众筹项目之后，借助良好的平台资源可以顺利地与每一位粉丝建立连接，保证众筹的成功。

为了扶持微信公众号生产更多、更好的内容，保证微信公众号的健康生态，微信官方从 2015 年开始逐步向一些拥有持续原创能力的媒体机构和个人发放“原创”标识。获得“原创”标识的微信公众号可以开通“赞赏”功能，接受粉丝的打赏。这种功能能够为微信公众号带来非常可观的收入。

企业或个人要想吸引尽可能多的粉丝参与到众筹项目中，积少成多，获得最大的收益，就必须坚持原创，在原创内容中展示出个性和深度。没有谁会为复制粘贴的创意点赞，也没有谁会为缺少个性和深度的项目浪费时间和金钱。所以，企业或个人必须在原创的基础上发起众筹，展示出足够的创新性和独特的价值，这样才会获得粉丝的肯定和打赏。

“槽边往事”微信公众号自诞生伊始就坚持原创，其推送的文章或富有个性，或动人心弦，或诙谐幽默，或见解深刻，渐渐赢得了粉丝的喜爱，积累起了超高的人气。其用心推出的每一篇文章都能获得超高点击量，给予赞赏的人也不在少数。例如，其推出的《赞美拉黑》一文就获得了一千多人的赞赏。

第9章 实战案例解读

通过分析一些企业在粉丝经济大潮中成功淘金的案例，我们可以学习到很多操作性极强的粉丝运营和变现技巧，将其嫁接到企业的实际工作中，帮助企业更好地适应粉丝经济热潮。

9.1　一条：将视频做到极致

“每天一条原创短视频，每天讲述一个动人的故事，每天精选人间美物，每天来和我一起过美好的生活。”这是一条的自我介绍。一条每天只发送一条内容，每一条内容都是视频，每一条视频都包括广告。一条每天都会接到无数广告订单，每天都在发展壮大，现在已经成为众多企业仰望的对象了。那么，一条能够实现如此营销业绩的成功秘诀是什么呢？

首先是专注于原创。

对于自媒体人而言，要想取得成功，原创是前提条件。当一个微信公众号能够坚持原创时，它就成功了一半。一条的成功就是基于这一点，以原创理念赢得了声誉。其拍摄的原创视频因为对生活、工作、自然以及人际关系等方方面面进行富有情感的解读，从而赢得了粉丝的喜爱。

其次是将内容做到极致。

一条向粉丝推送的视频内容除了坚持原创以外，还在品质上追求极致。其经营者徐沪生的理念就是每天专注于内容。不管是选题还是具体的内容制作，徐沪生都会严格把关，事无巨细地指导每一个业务细节。一条制作团队经常将一个标题改几十遍，对一个图案细节反复斟酌上百遍。

一条追求极致，其创造出来的视频风格往往独树一帜，既明快又丰富，既朴素又明媚，充满了文艺情怀和小资情调，这种风格很符合当代中青年的审美习惯。所以，一条诞生不久就凭借极致内容和独特风格吸引了很多人，成为拥有百万粉丝的微信公众号。

最后是视频具有宣传效应。

一条的营销之所以大获成功，最关键的一点是其视频能够让粉丝拍手叫绝，觉得这些视频是生活、自然和艺术的精华，是美的体现。一条巧妙地将广告和视频糅合在了一起，让粉丝在整个视频中看不到丝毫广告穿插的影子；或者将广告片当作艺术片来拍，带给粉丝视觉和心灵上的震撼。这样一来，一条自然会受到广告主的青睐，其营销效果也能得到保证。

9.2 罗辑思维：未来商业的核心动力是社群粉丝经济

罗辑思维由原央视《对话》栏目制片人罗振宇和独立新媒创始人申音合作推出，自推出后就一直努力打造自己的品牌。如今，罗辑思维的粉丝已经突破 600 万，而且都是付费会员。可以说，罗辑思维已经成为一个能盈利的、成功的企业品牌。

首先，罗辑思维的品牌定位非常清晰。

罗辑思维一经推出就获得无数赞誉，被称为“第一知识社群”。它的成功主要是基于罗振宇对它所做的三个重要定位。一是受众定位。罗辑思维的受众聚焦于与时代紧密接轨、积极上进、追求自由的中产阶级知识分子，这些高学历、年轻、消费能力强、爱追求新事物的粉丝为社群经济的产生奠定了坚实的基础。二是产品定位。从网络视频脱口秀到微博群、公众号，再到图书、微刊、电子杂志，虽然罗辑思维不断地改变自己的产品形式，但是“死磕自己，愉悦大家”“做大家身边的读书人”的产品定位一直没有改变。三是个性化定位。自媒体要成功就必须要有个性。罗辑思维的出现让粉丝与主持人有了一个很好的互动平台。而且，罗辑思维在自己的微信公众号上使用全语音推送的形式，这种形式使其和当前微信公众号上千篇一律的图文信息相比更显独树一帜。

其次，罗辑思维奉行内容至上原则。

高质量的内容永远是一个品牌成功的关键，罗辑思维能够稳定发展就是因为深信内容为王。优质的内容离不开优质的团队，罗辑思维有专业的内容团队在运作，从筹划到后期都有人严格把关。罗振宇本人非常重视内容的质量，为了保证每天早上 60 秒的语音推送，他有时会将一条语音录制30多遍。罗辑思维的内容涵盖范围非常广，包括政治、历史、文化、科技、生活等，话题既有趣又有意义。同时，罗辑思维还以生动的案例来触发粉丝思考，以小见大。因此，高标准制作、内容广博精深等特征形成了罗辑思维的风格和品位。

9.3 陌陌：抓住用户痛点，成功就在眼前

陌陌是陌陌科技开发出的手机应用，有别于微博、微信、QQ 等手机社交软件。陌陌的一大亮点是可以对使用者的位置信息进行精准定位，用户通过陌陌可以更加便捷地发现附近的人，继而更加精准地与附近的人进行即时互动、交流信息。也就是说，陌陌大大降低了社交门槛和成本，使用户能够更加真实地掌握对方的信息，更顺畅地进行互动。

首先，陌陌专注于用户关系，在社交细节上彰显魅力。

在陌陌上交友已经成为时下很多人热衷的社交行为。陌陌拥有超高的人气，主要在于其专注用户关系，做好社交细节。陌陌的用户关系是单向关注和相互关注，而不是传统型的申请好友关系。这种设计对于用户来说可以大大降低社交过程中的挫败感——交友申请不会被拒绝。这样一来，用户的体验和满意度也就大大提升了。

其次，陌陌让用户可以绑定其他社交工具，更容易了解陌生人。

陌陌的用户展示页设计得很有特点，可以和微博、人人等社交工具进行绑定。这样一来，用户便可以从陌陌里看到陌生人，然后再通过对方绑定的一些社交工具了解其生活和工作状况。通过事先了解，用户对陌生人就会变得熟悉起来，因而很容易找到话题，和陌生人建立联系，成为朋友。

最后，陌陌具有精准定位功能，让交友更真实。

陌陌上有“附近”功能，可以让用户非常容易地找到附近的人。与微

信“查找附近的人”功能不同的是，陌陌给出的附近用户的位置精确度更高，精确到米。这样一来，精确的位置信息增强了用户通过陌陌交友时的信任感。因为精确的距离消除了网络的虚幻和不确定性，让用户产生了对方就在不远处的真实感。

9.4 海底捞：以服务取胜，融入粉丝生活

四川海底捞餐饮股份有限公司成立于 1994 年，主要经营川味火锅，其产品质量过硬、口味有特色，还具有优良的服务和高效的营销策略。腾讯公司推出微信后，海底捞快速地申请了自己的微信公众号，借助微信庞大的粉丝基础快速地提升了自身人气，树立了口碑。那么，海底捞究竟依靠什么营销技巧做到这些的呢？

第一，海底捞卖的不是火锅，而是服务。

海底捞的成功固然和其火锅美味可口有很大关系，但是从本质上而言，海底捞提供的极致服务才是其成功俘获粉丝的关键所在。海底捞会针对粉丝消费的每个环节打造服务尖叫点，将服务场景化、渠道化。

去海底捞就餐的人非常多，他们往往需要排队。很多餐厅不会为等待就餐的消费者提供服务，而海底捞却非常重视消费者的等待环节。在等待过程中，消费者会感到无聊、焦躁、不满，而海底捞会为他们提供美甲、棋牌等服务，让他们更加愉快地度过等待时间。与海底捞形成对比的是机场。我们经常遇到飞机晚点的情况，机场人员除了发放盒饭和道歉之外，其他什么都不会做；而海底捞的服务人员却会和消费者交流，陪他们玩乐，

帮助他们打发本来可能会不太愉悦的等待时间。

第二，海底捞具有强大的微信预订和支付功能。

海里捞为了最大限度地方便粉丝，在其微信公众号上推出了预订功能。粉丝只要点击“订餐”就可以进入订餐页面，提前选定自己喜欢的美食。这样一来，“海底捞火锅”微信公众号也就成功变身为粉丝身边的小厨房，粉丝只需要动一动手指头就可以享用美食。

第三，海底捞提供上门服务，融入粉丝生活。

很多时候，你是不是既想吃上一顿热气腾腾的火锅，又不想出门来回奔波呢？海里捞火锅就很善解人意地回应了众多消费者的这种“想在家吃一顿火锅大餐”的期待心理，推出了“外卖”功能。粉丝只需要在其微信公众号点击“外卖”选项，进入“Hi 捞送”页面进行点餐。“海底捞火锅”微信公众号支持两种外卖形式：普通外卖和上门外卖。如果选择普通外卖，那么消费者不仅需要支付菜品费用和服务费用，还需要支付送餐费用。如果消费者不想支付送餐费用，那么就可以选择上门外卖，自己去取自己订的食物。粉丝还可以在其微信公众号的商城中购买火锅底料，然后自己在家动手做出地道的海底捞火锅。

第四，海底捞用游戏提升粉丝的消费体验。

海底捞为了进一步和粉丝互动，占领消费者的碎片化时间，特别注重提升自身的娱乐性。例如，在其微信公众号上的“发现”功能板块下，粉丝可以点击“Hi 游戏”和“Hi 应用”，选择自己喜欢的游戏。这种游戏体验使海底捞和消费者之间的互动进一步加强，将消费者的碎片化时间据为己有，从而增强了粉丝的忠实度。

9.5 正和岛：人际关系变为商业优势

正和岛是中国企业家的社交和分享平台，是一个帮助他们深度挖掘商业“宝藏”的社群。正和岛的创始人刘东华早在 1999 年就意识到，企业家需要一个社群，特别是那些不满足现状、希望通过二次甚至多次创业成为行业翘楚的企业家。这个社群能够为他们提供有价值的信息，打造一个安全的港湾。

2010 年，刘东华开始构建正和岛，倾尽全力打造“中国商界第一高端人脉与价值分享平台”。马云、柳传志等企业家联手为其筹集了近亿元启动资金，其超强的人际关系由此可略窥一斑。

正和岛之所以能够成功，和创始人刘东华超强的高端商业人际资源有着巨大的关系。在创办正和岛的过程中，他获得了柳传志、王健林、施正荣、李开复等明星企业家的大力支持。在这些高端人际资源的基础上，正和岛还没正式“开岛”就收到了很多人提前交来的“住岛费”。

刘东华不仅自己拥有超强的人际关系，也力促“岛民”通过各种活动，如“正和岛岛邻大会”“正和岛新年家宴”“正和岛夜话”“走进名企”“企业互访”等，在思想交锋、观点碰撞、把酒言欢中结识新朋友，积累新资源。

一言以蔽之，正和岛的成员可以结识高端商业人物，他们都是信用度高、实力强大的企业家，这是正和岛最大的吸引力所在。

正和岛的目标定位人群为高端商业人士，会员必须是企业的创始人、董事长或者 CEO；会员所在的企业必须成立三年以上，且上一年销售收入在一亿元人民币以上。正和岛为这些高端企业家提供专业的“内参”，帮助他们最大限度地降低学习成本，即“岛民”可以在正和岛封闭的社交网络上以最少的时间阅读经过专家筛选和编辑的必读前沿资讯。

9.6　钻石小鸟：做好每一个细节

钻石小鸟是国内最早从事网络钻石营销的专业珠宝品牌，致力于引领全新的钻石消费潮流，如今已经成为中国网络钻石销售的领先品牌。在互联网时代，钻石小鸟再接再厉，从网络电商平台转战微店，依靠先进的经营理念和创新性的营销策略创造了钻石行业微店销售的奇迹。

首先，钻石小鸟采用“线上订单购买 + 线下体验中心服务”的全新销售模式，为广大消费者带来了多维度的便捷购钻渠道。不论消费者在网络世界还是体验中心，都能够享受到独特的一对一购钻体验，体验到钻石的华丽之美。

其次，钻石小鸟向消费者提供钻戒 DIY 服务。消费者在微店可以先选择适合自己的裸钻，然后配置上自己心仪的戒托，定制只属于自己的钻戒款式。凭借这种创新性的服务，钻石小鸟将钻石打造成了消费者个性的一部分，让原本冰冷的石头融入了消费者的感情，紧紧地抓住了消费者的内心，开创了钻石行业的新风潮。

再次，钻石小鸟的微店始终坚持为消费者营造一种美好的文化氛围。通过自身的不断努力，钻石小鸟坚持传播钻石文化，推广钻石生活理念，让更多人领会钻石背后的美好，体验钻石带来的永恒。这在一定意义上提升了人们对钻石的认知层次，反过来又提升了人们的钻石消费欲望和微店产品的销售数量。可以说，钻石小鸟推送的优美文案在普及钻石文化的同时，也向人们灌输了钻石消费理念。

最后，钻石小鸟不懈追求钻石品质，保证每一颗钻石都是精品，能够完美地靓丽消费者的生活。另外，钻石小鸟追求卓越的精神体现在每一个细节上，每一颗钻石从加工打磨到佩戴在消费者的手指上都体现了钻石小鸟对爱情的呵护和对消费者的贴心。

9.7　商周谷语：3 个月从 0 到 2000 万

随着生活水平的不断提升，人们对食品的要求已经不再局限于温饱，而是有了更高层次的需求——健康。正是看准了这一点，商周谷语进入健康食品行业，借助微信进行创业。商周谷语生产的食品上市仅 20 天就火爆到全国断货，3 个月销售额突破 2000 万元……这是怎么做到的呢？

首先，产品质量是核心。

作为主要依靠微信进行宣传的企业，商周谷语意识到只有产品质量过硬才能在消费者群体中赢得良好的口碑，最终形成十倍乃至百倍的裂变效应。如果产品质量一般，即使企业将营销做得再好，也难以发展壮大。商周谷语能够在短时间内借助微信发展壮大起来，最根本的原因就在于其过硬的产品质量。

商周谷语是一个以紫苏籽为原料的健康速溶饮料粉品牌，专门针对女性而研发。自创建以来，商周谷语始终秉承“天然谷物，添益女性”的理念，以“内养温调”为养生哲学，精选生长于长白山余脉的优质紫苏籽，采用国际先进的植物制作工艺，在一定程度上帮助女性保持健康。依托优质的产品和功效，商周谷语在女性消费者群体中渐渐赢得了高度的美誉，积累了很高的人气。

其次，营销是关键。

商周谷语之所以能在短短的 3 个月实现收入过 2000 万元，粉丝达到 20 万人，这和成功的微信营销是分不开的。根据前期的市场调研，商周谷语认为在未来 3 年，微信营销将成为销售的主流。

商周谷语创始人向天夫正是抓住了这个商机将线下体验和网商销售结合在一起，有效连接农副产业链的各个环节，拉动线下销售，形成了“线上线下、利益驱动、多方共赢”的商业模式。商周谷语正是运用这样的商业模式成功地打入市场，成为了炙手可热的热销产品。在 2016 年国际食品展销会上，中健国际集团、美国亚特兰大东北商会、埃及金利矿产投资有限公司对商周谷语表示了极大的认可，并且寻求深度合作。

最后，强大的联合创始人支持体系是保障。

企业是一个大平台，如果能让每一位参与者都实现自身价值，那么就一定能成为行业领军者。商周谷语正是用微信实现了这一点，通过微信不断地发展代理商，投入各种资源支持代理商的成长，最终让代理商获得红利，实现了自我价值。为了让每一位代理商都能成长起来，商周谷语建立了完善的培训体系，通过微信随时向代理商传递最新的营销经验，促使他们快速入门，因此打出了知名度，树立了良好的口碑。

在商周谷语的大本营中，每一位新代理商都要通过微信参加 10 个课时的“新生大课堂”，全面系统地学习产品知识、销售技巧和管理技能。通过这些微信课程，每一位代理商都会重新认识自我的潜能，整个代理商团队也就能实现良性发展。商周谷语的团队建设离不开每一位联合创始人的支持和信赖，他们的成长都是对商周谷语最好的宣传和肯定。